NATIONAL CURRICULUM EDITION

¡ESPAÑOL EN DIRECTO!

A revision and practice resource for National Curriculum and S-Grade Spanish

Maria-Jesus Cumming

John Murray

Pupils' Book
ISBN 0-7195-5156-0
Teachers' Resource Book
ISBN 0-7195-5164-1
Cassettes (set of three)
ISBN 0-7195-5167-6

Author's note

This is the *Pupils' Book* for **¡Español en Directo!**, which provides activities for individual, pair and group work to help students studying at National Curriculum levels 3–8 as they prepare for communicative examinations in Spanish, such as GCSE and Standard Grade. It is designed to be used with the cassette tapes containing the spoken material for the listening sections of each unit, and with the *Teachers' Resource Book*.

The Teachers' Resource Book contains a full introduction for teachers, advice on assessment, transcripts of the listening materials and selected answers. There are also integrated tasks set at levels 9/10 of the National Curriculum, photocopiable for use with pupils aiming at these levels.

© Maria-Jesus Cumming 1990, 1993

First published 1990
by John Murray (Publishers) Ltd
50 Albemarle Street
London W1X 4BD

Second (National Curriculum) edition 1993

All rights reserved
Unauthorised duplication contravenes applicable laws

Produced by Gecko Ltd, Bicester, Oxon.
Printed and bound in Great Britain by Bath Press, Bath, Avon

I should like to thank my publishers for their help and support and also my colleague Sharon Muir for her help and patience during the time of writing this book. Thanks also to my family and friends in Spain who helped me to collect materials and often acted as willing guinea pigs.

¡Español en Directo! is in series with **En Direct!** by Jean-Claude Gilles, whose permission to use the original arrangement and format is gratefully acknowledged. A full list of detailed acknowledgements appears on page 96.

M-J.C.

ISBN 0-7195-5156-0

CONTENTS

1 Actividades cotidianas, vida personal y social — 4

2 El mundo de la educación y el trabajo — 12

3 El mundo a nuestro alrededor — 22

4 El tiempo y las vacaciones — 30

5 Compras — 40

6 Comer y beber — 50

7 Vivienda y alojamiento — 58

8 Servicios públicos — 68

9 El ocio — 78

10 Problemas de cada día — 88

1 Escucha — Actividades cotidianas, vida personal y social

1 Your Spanish class has a correspondence exchange with a class in a Spanish school. Today you have received a cassette from the Spanish pupils, telling you about themselves. Listen to the cassette and note down as much information as you can about them, in Spanish. You will hear each section of the recording twice.

A grid like the one here will help. ▼

	Edad	Casa/piso	Hermanos/as	Animales	Gusta	No gusta
Ana						
Isidoro						
César						
Tere						
Maribel						
Patricio						

2 A Spanish boy is describing his home town. Listen to the recording, which you will hear twice, and answer the following questions in Spanish.

1. ¿Dónde vive Javier?
2. ¿Cómo es la ciudad?
3. ¿Qué hay que ver en la ciudad?
4. ¿Qué se puede hacer en la ciudad?
5. ¿Por qué le gusta la ciudad?

3 Listen to what Estela, Juan, Belén and Eduardo say about themselves. The recording will be repeated. Make a note, in Spanish, of what each of them says. Then write down three things that they all have in common.

Estela
Juan
Belén
Eduardo

Lo que tienen en común:

1 Escucha

4 A Spanish TV personality is being interviewed on Spanish radio. Listen to the interview and say whether the following are true (verdad) or false (mentira).

1. Su padre es cartero y tiene cinco hermanos.
2. En la realidad es bastante parecida al personaje de la serie de televisión.
3. Cuando tiene tiempo libre le gusta ir a la playa.
4. Normalmente en su tiempo libre le gusta salir con sus amigos.
5. Alfonso Paz es su novio.
6. En el futuro le gustaría tener un papel importante en el cine.

5 A Spanish assistant is comparing everyday life in Spain and in Britain, based on her personal experience. Listen to the recording and list, in Spanish, the differences between the two countries that she mentions.

Use these headings to help you:

Vida diaria
Vivienda
Comida
Colegio
Gente

6 Listen again to the recording for task 5. Note down in Spanish whether, in your opinion, Aurora is happy in Britain, and whether you agree with what she says, giving your reasons.

7 While staying in Spain, you overhear your Spanish partner having a phone conversation with a friend. What do you think the friend is saying? Listen to what your partner said and try to work it out.

1 Habla

1 The new Spanish assistant has just arrived and he/she wants to know something about you. First practise with a partner, asking each other the following questions:

– ¿Cómo te llamas?

– ¿Cuándo es tu cumpleaños?

– ¿Cuántos años tienes?

– ¿Dónde vives?

– ¿Tienes hermanos/hermanas?

– ¿Cuántos años tienen?

– ¿Qué hacen tus padres?

2 Before doing this exercise, every member of the class must bring a photo of his/her family. Working in pairs, ask each other questions to find out as much as possible about the people in your partner's pictures.

3 *¿Quién soy?*
Think up an identity for yourself. You can choose to be someone else in your class, your favourite pop star or football player etc. Work in pairs and try to find out each other's identity. Take turns in asking and answering questions. Here are some questions you may want to ask:

– ¿Eres un chico/una chica?

– ¿Cuántos años tienes?

– ¿Dónde vives?

– ¿Estás soltero/a, casado/a?

– ¿Eres guapo/a?

– ¿Eres famoso/a?

– ¿Eres rico/a?

– ¿Eres rubio/a, moreno/a etc?

– ¿Eres profesor/político/cantante/ futbolista/deportista etc?

4 Work in pairs. One of you will be yourself (A) and the other will play the role of a Spanish person (B).

A
During an exchange visit to Spain you went to a party at the school and met some of your penfriend's teachers. You thought one of them was particularly nice, but you can't remember her name. This is what she was like:

– tall and slim

– quite young

– dark brown hair, long and straight

– big green eyes

– she was wearing jeans and a white T-shirt.

Describe her to your penfriend and find out her name.

B
You are a Spanish boy/girl. Your British exchange partner met one of your teachers yesterday at a school party and wants to know her name. Listen to your partner's description and ask questions about the teacher to find out who he/she is talking about. This is what your female teachers are like:

La Sra Ruiz Profesora de matemáticas. Alta y un poco gorda. Tiene unos 50 años. Morena, con el pelo corto y rizado. Ojos verdes. Generalmente lleva vestido o trajes de chaqueta.

La Srta de los Angeles Profesora de inglés. Delgada y baja. Pelo oscuro, largo y liso. Tiene unos 25 años. Ojos marrones. Lleva gafas. Generalmente lleva pantalones.

La Srta Martín Profesora de física y química. Alta y delgada. Bastante joven, debe tener de 20 a 25 años. Morena, con el pelo largo y liso y ojos verdes. Generalmente viste de sport, con pantalones o vaqueros.

La Sra Jiménez Profesora de historia. Es alta y delgada. Tiene 23 años. Ojos azules. Siempre viste muy elegante.

5 While talking to your Spanish friend about houses, he/she asks you what your ideal house would be like. Describe it to him/her. Work in pairs, taking turns to play each person.

6 Look again at the first photo on page 6. Imagine you have just spent a holiday in Spain with your penfriend, whose family this is. Explain to a Spanish friend who the people in the photo are, what you thought of them, and what you did while you were staying with them.

1 Lee

¡Hola! Soy Elena Palencia y vivo en Valladolid. Tengo 14 años. Me gustaría escribirme con chicas de mi edad

Me llamo Mari Carmen. Soy de Vitoria. Quiero escribirme con chicos o chicas, fans de Michael Jackson

Mi nombre es Alberto Roldán. Tengo 16 años y me encanta el tenis. Quiero escribirme con chicas de 14 a 17 años

Mi nombre es Luis Torrado. Vivo en Tarragona con mis padres y mis dos hermanas. Tengo 15 años y me gusta el fútbol. Quiero escribirme con chicos de mi edad

Soy Loli Gánzer. Vivo en un pueblo cerca de Salamanca. Me encanta el cine. Quiero escribirme con chicos y chicas de mi edad (15 años)

Me llamo Julián y vivo en Cáceres. Me gustaría encontrar un amigo a quien le guste coleccionar sellos, que es mi pasión

1

1. (a) ¿De dónde es Elena?
   (b) ¿Qué edad tiene?
2. (a) ¿Cuántos hermanas tiene Luis?
   (b) ¿Cuáles son sus intereses?
3. (a) ¿Dónde vive Mari Carmen?
   (b) ¿Con quién le gustaría escribirse?
4. (a) ¿Qué le gusta a Loli?
   (b) ¿Dónde vive?
5. (a) ¿Qué le gusta hacer a Alberto?
   (b) ¿Qué tipo de personas pueden escribirle?
6. (a) ¿Con quién quiere escribirse Julián?
   (b) ¿Por qué?

> ¡Hola! Me llamo Lydia y soy tu amiga por correspondencia. Tengo 15 años y vivo en Valladolid. Tengo un hermano mayor que yo y dos hermanas más pequeñas. Tengo un gato que se llama Zipi. Me gusta nadar, escuchar música y ver la Televisión. No me gustan mucho las discotecas y odio el fútbol.
> La próxima vez te contaré más cosas. Escríbeme pronto. Un abrazo   Lydia

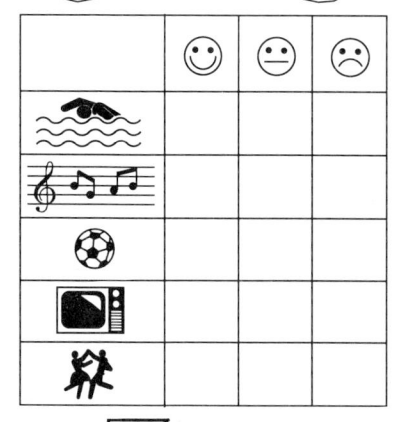

2 This is the first letter from your Spanish penfriend. Read what she says about herself, and fill in the table to show what she likes/dislikes doing.

3 Look at the photograph of the three little girls and read the three descriptions. Match the text to the appropriate number in the picture and give your reasons in Spanish.

(a) Me llamo Alicia. Tengo cuatro años y medio. Tengo el pelo corto y oscuro y ojos negros. No me gusta llevar vestidos, prefiero pantalones.

(b) Me llamo Clara. Tengo cinco años. Tengo el pelo castaño y los ojos marrones. Mis colores preferidos son el blanco y el rosa. Siempre llevo vestido, no me gustan nada los pantalones.

(c) Me llamo Sylvia. Tengo cinco años. Soy rubia, con pelo largo y tengo los ojos verdes. Prefiero llevar vestidos, aunque algunas veces me pongo pantalones.

1 Lee

MAS CURIOSIDADES

- Michael Jackson nació el 29 de agosto de 1959. Virgo es su signo. Mide 1,75 metros y pesa 55 kilos.
- Su libro preferido es «Peter Pan» (de nuevo el mundo de los niños); su película, lógicamente, «ET», y los instrumentos que más le gustan son los de percusión.
- Cuando está grabando en el estudio, a veces pide que apaguen las luces mientras canta. Y a menudo baila.
- Su especialísimo vestuario, con el que siempre aparece en público (cuero negro, chapas y chinchetas), forma parte de la nueva *imagen callejera* que Michael desea ofrecer.
- Le chiflan los dibujos animados. A menudo distrae su tiempo con cintas de Mickey Mouse. Palabras textuales del cantante: «Los dibujos animados son ilimitados, y si tú consigues serlo, llegas a la cumbre.» En su mansión tiene una sala de visionado de cine y vídeo con capacidad para 32 personas.
- Michael llama a Dileo *Tío Tookie,* como si se tratara de uno más de sus fantásticos e irreales amigos.
- Uno de sus mejores y más cercanos amigos (es de los pocos que le acompañan a sus habitaciones privadas) aún no ha cumplido cuatro años. Se llama Bubbles, tiene mucho de actor, derrocha fantasía y buen humor... y es ¡un chimpancé! Jugando con él, Michael se traslada a un mundo de ilusión propio del mismísimo Disney. El mundo que él más ama.

POPCORN

4 You want to write an article about Michael Jackson for your school magazine. Read what this article says about the singer and take notes in English for your own article.

Write something for all these headings:

1 *Personal details*
2 *Favourite book, film, instruments*
3 *Favourite clothes*
4 *How he spends his free time*
5 *Best friend*

5 Read the article about Queen Sofía of Spain and answer the following questions:

1 ¿Qué hace la reina por las mañanas?
2 ¿Qué tipo de trabajo hace la reina Sofía?
3 ¿Qué tiene que hacer dos veces por semana?
4 Qué tipo de comida le gusta a la familia real española?
5 ¿Cómo pasan las tardes?
6 ¿Qué le gusta hacer a la reina cuando va a Madrid?
7 ¿Cómo viste la reina, según el artículo?
8 ¿Qué deportes le gustan?
9 How does Queen Sofía of Spain compare with Queen Elizabeth? Give your opinion of the differences and similarities of the two queens, based on what the article says about Queen Sofía and what you know about Queen Elizabeth.

Un día de la Reina

En una jornada típica, la Reina inicia sus actividades a las diez de la mañana, reuniéndose con sus dos secretarias en un pequeño despacho para atender a su correspondencia. Doña Sofía se ocupa personalmente de una serie de Fundaciones y Comités que preside y de los que no desea ostentar sólo honoríficamente el cargo, sino participar de un modo muy activo. Una cuestión goza de prioridad: los problemas de los niños subnormales españoles y, en general, todos los relacionados con la infancia, sin olvidar, empero, otros como la Cruz Roja y la lucha contra el cáncer. Dos veces a la semana, la Soberana recibe visitas o acompaña al Rey en las audiencias en las que se requiere su presencia. El almuerzo y la cena, en familia, son frugales, predominando los platos caseros para el Rey y las ensaladas para la Reina. La Familia Real es una familia normal que acaba su jornada ante el televisor viendo el programa de turno o una buena película de vídeo.

Algún que otro día hay tiempo para las compras, para bajar a Madrid y asistir a un buen espectáculo, preferentemente conciertos. Doña Sofía gusta de las pequeñas tiendas especializadas en productos determinados, casi artesanales. Su elegancia es proverbial, pero no le importa llevar los mismos trajes varias veces en público. La equitación y el esquí constituyen sus deportes predilectos.

1 Escribe

1 Write your first letter to your Spanish penfriend, telling him/her as much as you can about yourself in Spanish. Don't forget to mention the following points:

– edad

– cómo eres

– tu familia

– tu casa y tu pueblo o ciudad

– animales (si tienes)

– tus aficiones/pasatiempos

2 Your Spanish exchange partner is staying with you at the moment. Today is Saturday and you have arranged several things to do. He/she is not at home at the moment and you also have to go out. Leave him/her a note in Spanish explaining your plans for the day.

This is what you did last Saturday. Use it as a model to write your note.

12 30 Ir a comer con amigos a Pizzaland (tu restaurante favorito)

1 30 Ir de tiendas

4 30 Ir a la piscina

7 30 Fiesta en casa de Paul.

3 Your Spanish class is doing a survey of how people spend their free time. Copy the grid and fill it in for yourself, in Spanish. Then write a few sentences about what you would do in your ideal week.

	Lunes	Martes	Miércoles	Jueves	Viernes	Sábado	Domingo
Mañana							
Tarde							

1 Escribe

4 Your family are planning to have a house exchange with a Spanish family for the summer holidays. Write a letter in Spanish to the Spanish family, describing what your house is like, and suggesting things to do and places to visit in your area during the time of their stay.

5 Your Spanish penfriend has asked you to send him/her an account of 'A day in the life of a British teenager' for his/her school magazine. Write about 100 words in Spanish about a day in your life. (You can make it as exciting as you like!)

6 Read the beginning of the story opposite and write the ending yourself. ▶

Era sábado por la mañana, y hacía un sol radiante, pero Carlos estaba en casa sin saber qué hacer. Estaba viendo la televisión, cuando llamaron a la puerta. Carlos abrió. Era una chica rubia, guapísima.

– ¡Hola Carlos! dijo la chica.

¿No te acuerdas de mí?

....

11

2 Escucha — El mundo de la educación y el trabajo

1 Listen to a Spanish girl talking about the subjects she does at school. You will hear the recording twice. Draw up a timetable and fill it in, in Spanish.

Lunes	Martes	Miércoles	Jueves	Viernes

2 Some Spanish pupils are talking about the teachers they like and dislike. You will hear their discussion twice. Listen to what they say and write down, in Spanish, for each of them:

– the teachers they like and why

– the teachers they dislike and why.

3 Four people are talking about their parents' jobs. Match the jobs below to the appropriate section (1, 2, 3 or 4) of the recording, which you will hear twice.

(a) psychologist
(b) painter
(c) car factory worker
(d) caravan salesman
(e) agricultural engineer
(f) housewife
(g) carpenter
(h) supermarket assistant

Section 1 ....
Section 2 ....
Section 3 ....
Section 4 ....

4 Four young people are describing their part-time jobs. You will hear their descriptions twice. List the jobs in order of your preference, giving reasons for your answers (in Spanish).

2 Escucha

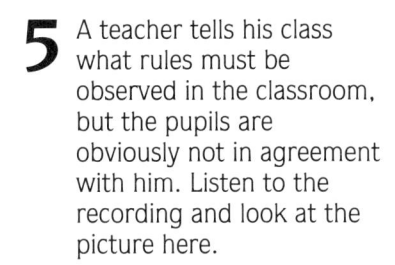

5 A teacher tells his class what rules must be observed in the classroom, but the pupils are obviously not in agreement with him. Listen to the recording and look at the picture here.

¿Qué cosas que no se pueden hacer están haciendo los alumnos?

El silencio es oro

6 A Spanish teacher is talking about her school. Listen to the recording and correct any mistakes in the following statements about what she says.

Section 1

1 Lliria es un barrio de Valencia, conocido por su tradición musical.

2 Es un instituto muy grande, con 700 alumnos y 35 profesores.

3 El edificio es muy bonito.

4 No tienen pabellón de deportes ni pistas de tenis.

Section 2

1 Los deportes que más se practican son baloncesto, balonvolea y fútbol.

2 Los alumnos publican una revista deportiva.

3 La revista tiene artículos en catalán.

4 Hay también un grupo de música y de teatro que organizan los alumnos.

Section 3

1 Cuando hay problemas en el instituto los alumnos se reúnen con los profesores.

2 El delegado de curso es quien toma las decisiones.

3 A Marisa no le gusta mucho el instituto.

7 Copy the grid, then listen to what the four young Spanish people would like to be when they leave school. Fill in the grid in Spanish.

	Lo que quieren ser	Por qué	Lo que tienen que hacer
Eduardo			
Mar			
Mónica			
Javier			

2 Habla

1 Work in pairs. Copy the questionnaire and fill it in by asking your partner questions.

Asignaturas que estudias	¿Te gusta o no? (Marca √ o X)	Profesor/a	Tus impresiones sobre la asignatura
....	☐	....	....
....	☐	....	....
....	☐	....	....
....	☐	....	....

2 Work in pairs. One of you is staying in Spain during a school exchange. Tomorrow you are going to your exchange partner's school. You want to ask your friend some questions about it first. You have made a note in Spanish of what you want to ask:

The other one of you should act as the Spanish exchange partner. Take turns to play each part.

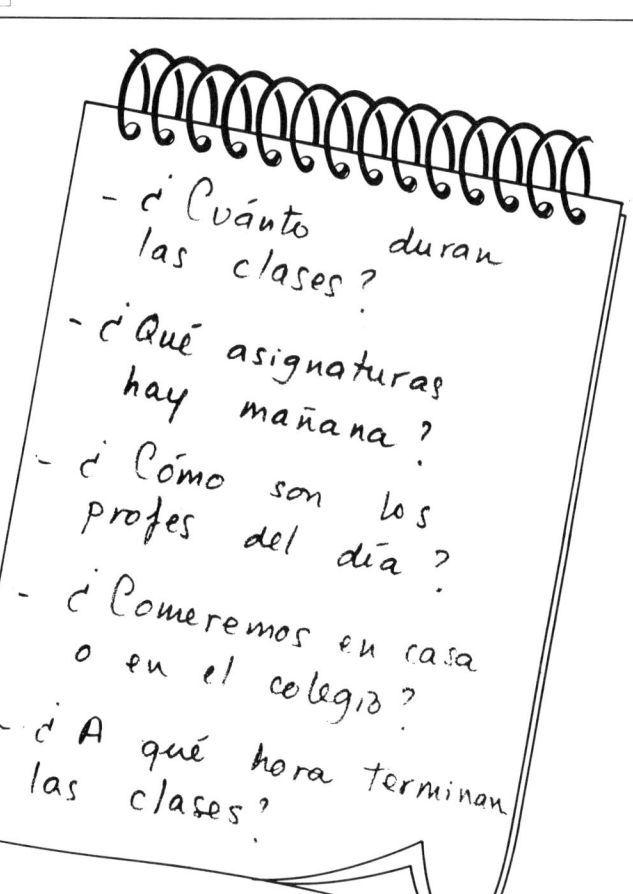

- ¿Cuánto duran las clases?
- ¿Qué asignaturas hay mañana?
- ¿Cómo son los profes del día?
- ¿Comeremos en casa o en el colegio?
- ¿A qué hora terminan las clases?

3 Work in pairs. It is the Spanish assistant's birthday. You want to give him/her a present or a card. Discuss with your partner:

- what you are going to give him/her
- how much money you are going to spend
- who is going to buy it, when and where
- when you will give it to him/her.

4 Prepare a cassette recording in Spanish about your school to send to your exchange partner. Talk about:

- el edificio (grande, moderno, bonito, bien equipado, etc.)
- instalaciones deportivas (las que hay y las que te gustaría tener)
- actividades extra-escolares (clubs, actividades culturales, deportes, viajes)
- lo que piensas de tu colegio (si te gusta o no, explicando por qué).

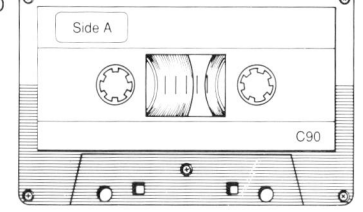

5 You have applied for a summer job in Spain in a *colonia de vacaciones*. Before you get the job you will have to have an interview in Spanish. Practise with a partner, answering the sort of questions that you may have to answer in the interview:

- ¿Hablas bien español?
- ¿Cuánto tiempo has estudiado español?
- ¿Cuántos meses quieres trabajar?
- ¿Te gusta trabajar con gente joven?
- ¿Tienes experiencia de este tipo de trabajo?
- ¿Qué deportes practicas?
- ¿Podrías ayudar con las actividades deportivas en el trabajo?

Take turns to play each part.

6 Work in pairs. Discuss with your partner the changes that you would like to make in your school. You may wish to talk about:

- el uniforme
- el horario
- actividades después del colegio
- relaciones con los profesores.

2 Lee

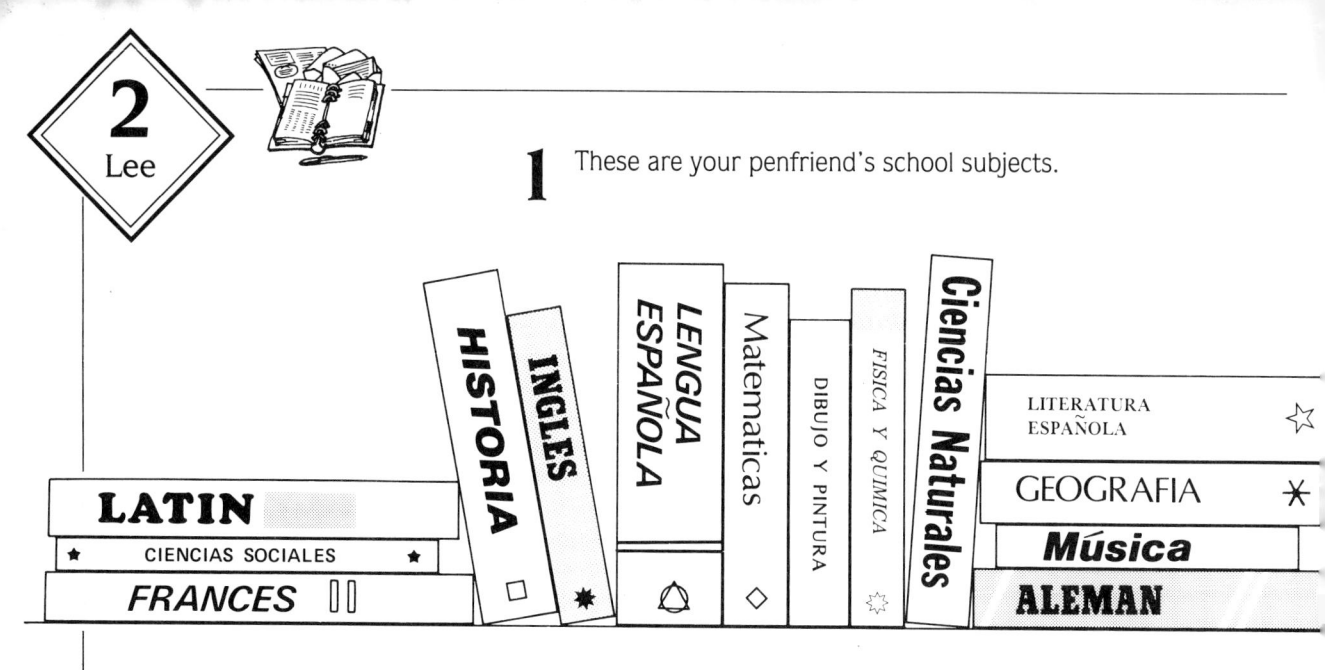

1 These are your penfriend's school subjects.

- LATIN
- CIENCIAS SOCIALES
- FRANCES
- HISTORIA
- INGLES
- LENGUA ESPAÑOLA
- Matematicas
- DIBUJO Y PINTURA
- FISICA Y QUIMICA
- Ciencias Naturales
- LITERATURA ESPAÑOLA
- GEOGRAFIA
- Música
- ALEMAN

Make two lists under the headings 'Estudio' and 'No estudio', to show which ones are the same as yours and which ones are different.

2 A group of friends in your class are thinking of going to Spain this summer if they can find jobs. Look at the adverts and make a note in English of what is required for each job. Choose the most suitable job for each of your friends *and*, of course, yourself.

Your friends have given you these details:

AYUDANTES peluquería, 18 a 20 años. Se necesita experiencia. Llamar 437132.

CAMAREROS jóvenes, necesitamos, para restaurante de playa, zona de Benicasim. Pedimos experienca. Edad de 16 a 19 años. Damos alojamiento. Llamar de 5 a 9 tarde 9685485.

CHICA de 16 a 17 años para trabajar en zapatería. Se necesita experiencia. Llamar 4567115 a partir de 5 tarde.

CHICAS para modelos. Horario flexible. Buena presencia. Llamar de 10 a 12 mañana. 2349004.

CHICO/A de 16 a 19 años para ayudar en oficina de arquitecto. Se necesita para meses de verano. Carnet de conducir. 50000 pts al mes. Escribir Apartado de Correos 3285.

CHICA 16 a 17 años, alemán perfecto dominio. Trabajo temporal con familia. Alojamiento y manutención. Llamar 2253460, a partir de 5 tarde.

CHICO/A de 16 a 20 años, para trabajar en discoteca, fines de semana. Llamar de 9 a 15h. 8965037.

John Age 16. Have worked in a restaurant, part-time.

Sheila Age 16. Speak French and German quite well.

Alan Age 17. Have a driving licence.

Kathy Age 16. Have worked in a shop.

2 Lee

3 Read the postcard sent by your Spanish friend and answer the following questions.

1 ¿Por qué está tu amiga en Palma de Mallorca?

2 ¿Cuánto tiempo va a pasar allí?

3 ¿Cómo lo están pasando?

4 ¿Qué profesores están en Palma?

5 ¿Cómo consiguieron dinero para el viaje?

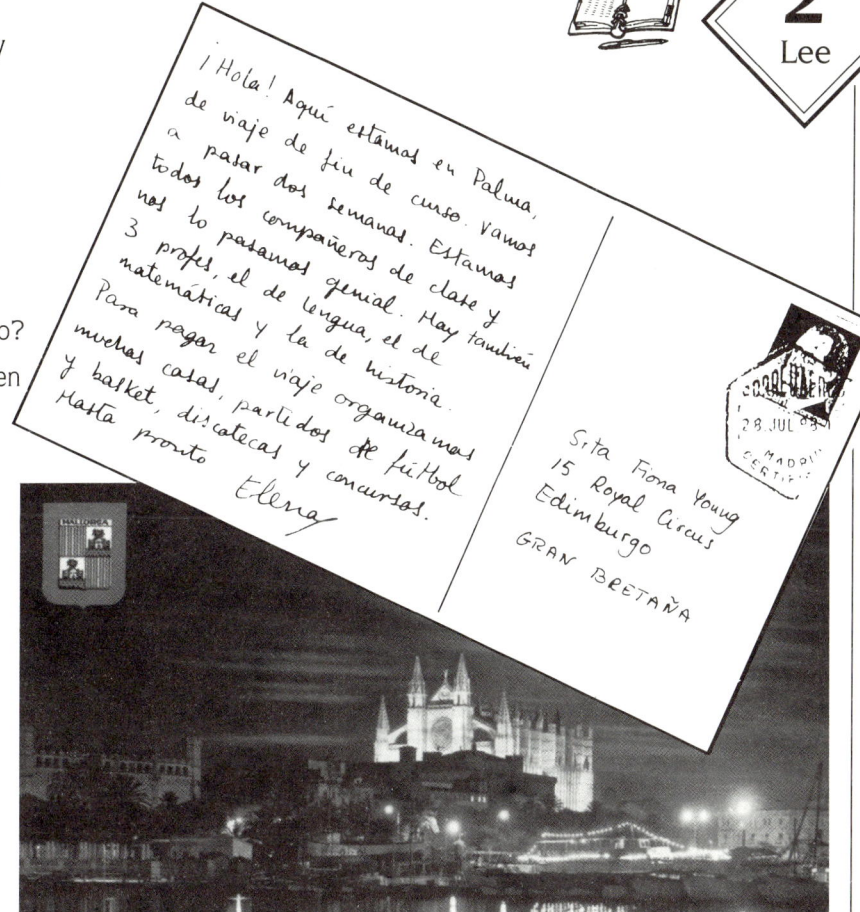

¡Hola! Aquí estamos en Palma, de viaje de fin de curso. Vamos a pasar dos semanas. Estamos todos los compañeros de clase y nos lo pasamos genial. Hay también 3 profes, el de lengua, el de matemáticas y la de historia. Para pagar el viaje organizamos muchas cosas, partidos de fútbol y basket, discotecas y concursos.
Hasta pronto
Elena

Srta Fiona Young
15 Royal Circus
Edimburgo
GRAN BRETAÑA

¡Hola!
Como me preguntas cómo es mi colegio te voy a contar algo.
Es un instituto bastante grande, tiene 670 alumnos. El edificio no es muy bonito, pero los profesores son simpáticos, en general.
No tenemos uniformes, así que puedes llevar la ropa que quieras.
Las clases empiezan a las 9 y terminan a la una. Luego es la hora de comer. Puedes ir a casa o comer en el comedor del colegio. Las clases de la tarde empiezan a las tres y media y terminan a las cinco y media.
El ambiente del instituto es muy bueno y tenemos muchas actividades además de las clases. Te va a gustar.
Hasta pronto
Luis

4 You are going on the school exchange to Spain. Your Spanish partner has written to you, telling you what the school is like. Make notes in Spanish under the following headings:

1 El instituto

2 Los profesores

3 El uniforme

4 El horario

5 Su opinión del instituto.

2 Lee

5 You would like to go to Spain this summer and do this course. Read the leaflet and make a note in Spanish of the following:

1 ¿Cuánto dura el curso?

2 Horas de clase.

3 Tiempo libre y otras actividades.

4 Tipo de alojamiento y lo que incluye.

SIGÜENZA
(GUADALAJARA)

CURSO INTERNACIONAL DE IDIOMAS (DE 10 A 18 AÑOS)

(Dividido en 4 secciones, según edades.)
— Español para extranjeros.
— Inglés o Francés para españoles.

- DOS PERIODOS DE 25 DIAS CADA UNO

HORARIO DE BASE:

08,30: Levantarse.
09,00: Desayuno.
09,45: Primera Clase.
10,40: Segunda Clase.
11,35: Actividades dirigidas, talleres, etc.
12,30: Tiempo libre, deportes, piscina, etc.
14,00: Comida; tiempo libre. Sobremesa.
16,00: Tercera Clase.
17,00: Actividades voluntarias, paseo, deportes, talleres, piscina, etc.
20,00: Cena; velada, juegos, etc.
23,30: Acostarse.

CLASES Y CONTACTOS CON EXTRANJEROS:

- Tres unidades diarias.
- Grupos reducidos según nivel.
- Metodología comunicativa interactiva permanente: sistema de contacto ininterrumpido con alumnos extranjeros de edad similar que participan con los españoles en todas las actividades del Curso, comparten habitaciones, mesas en el comedor, conviven en juegos, deportes, paseos, fiestas, visitas, excursiones, talleres...
- Profesores y monitores especializados, españoles y extranjeros.
- Resultados muy positivos y ampliamente probados.
- Experiencia más antigua de España en Cursos para estas edades.

ALOJAMIENTO:

COLEGIO DE LA SAGRADA FAMILIA
Villaviciosa, 2. 19250 Sigüenza. Teléf. (911) 39 07 90
Dormitorios de 8 camas. El régimen alimenticio comprende desayuno, comida, merienda y cena.

6 Three of your friends are interested in going to Spain to do a course this summer. These are your friends' interests:

Michael likes sports, in particular swimming and tennis. Likes competitions.

Anne Does not like sports, prefers card games or chess. Very interested in history and sightseeing.

Robert Likes football and basketball. Also likes outings and is very interested in photography.

They all like music and parties.

Read the programme of activities for the course and choose the ones which would be suitable for each of your friends.

SIGÜENZA (Guadalajara)

XXV CURSO INTERNACIONAL DE IDIOMAS

Fechas: 1er. Período: del 8/7 al 1/8.
2.º Período: del 3 al 27/8.

Curso de convivencia mixta españoles y extranjeros (ingleses, americanos, franceses etc.).

Contenidos

I. CLASES

3 clases diarias (español para extranjeros; inglés o francés para españoles). Utilización de vídeo.

Grupos diferentes según nivel de conocimientos.

Entrega de diplomas al final del Curso.

II. ACTIVIDADES DIVERSAS

Los alumnos participan de forma directa y responsable en su organización.

Taller de fotografía; trabajos manuales; cocina; teatro, música y canciones; montaje de veladas; disfraces...

III. ACTIVIDADES DEPORTIVAS Y RECREATIVAS

a) Deportes exteriores: fútbol, baloncesto, balonvolea, tenis, natación... Espléndido Polideportivo con canchas de juego, campos de deportes y PISCINA.

b) Deportes interiores: tenis de mesa, billar, etc.

c) Salas recreativas: futbolines, ajedrez, juegos varios de mesa, veladas...

Se organizan competiciones de deportes y juegos con activa participación del alumnado desde su organización.

Entrega de trofeos y distinciones.

Utilización de grandes espacios abiertos, campos de fuego, terreno de camping...

IV. EXCURSIONES Y VISITAS

2 excursiones de día completo a los pantanos de Buendía y Entrepeñas y al Monasterio de Piedra. Rutas campestres por los alrededores.

Recorridos culturales por Sigüenza.

Sigüenza es una vieja ciudad fortificada construida a 988 m. de altitud en la falda de una colina que domina el río Henares. Situada a 130 kms. de Madrid, en la línea férrea Madrid-Barcelona y a escasos kilómetros de la carretera nacional N-II.

Lugar pintoresco con su Alcázar, restos de la antigua muralla, Catedral y un magnífico Parador. La ciudad es toda ella monumental, declarada Conjunto Histórico-Artístico.

2 Escribe

1 Your Spanish exchange partner is coming to stay with you soon. He/she wants to know which school clubs or activities he/she can join in. Write down all the possible activities, in Spanish, for each day of the week.

2 The Spanish exchange pupils are in your school. You have to write their programme for tomorrow in Spanish. This is what you did yesterday. Use it as a model to write tomorrow's programme, inventing as many new details as you can.

SPANISH PUPILS!

9.00 Reunirse en la oficina del instituto
9.15 Ir a la piscina en el autobús del instituto
12.00 Comida en el instituto
1.00 Clases con los compañeros de intercambio
4.00 A casa con compañeros de intercambio
7.00 Fiesta en el instituto

3 Find out how many people in your class/group have a part-time job and make a table showing this information:

Nombre	Trabajo	Horas por semana	Dinero

2 Escribe

4 What excuse would you give for not doing your Spanish homework? Write several excuses in Spanish, and then try them out on your teacher to find out which one works best.

5 Your Spanish teacher is ill in hospital and you don't like his/her replacement. Write a letter in Spanish (about 100 words), asking your teacher to come back soon and explaining why this is important to you.

6 This is what a Spanish teenager wrote about her plans for the future. Write about 100 words in Spanish about *your* plans for the future. Use the model to help you write your account.

▼

> Estoy estudiando en un instituto; si apruebo todo, sólo me quedará un año para finalizar el colegio. Luego iré a la Universidad, a estudiar una carrera, seguramente será filología francesa o inglesa, porque me gustan mucho los idiomas y me encanta viajar a otros países, conocer gente diferente, y ver cómo viven. Los primeros años de la carrera, los estudiaré en España pero pienso que lo mejor es acabar de estudiar en el país que se hable el idioma que yo estudie, porque es la mejor manera de aprender un idioma. Cuando acabe de estudiar seguramente daré clases en algún colegio, pero lo que más me gustaría es conseguir un trabajo en un país extranjero, por dos o tres años como mínimo.

7 Listen again to the description of the school in Lliria. What do you think of it? Write a comment in Spanish, comparing the school in Lliria with your own and saying which one you prefer.

3 Escucha — El mundo a nuestro alrededor

1 Copy the train timetables below. Listen to the station announcements, which you will hear twice, and fill in the blanks with the information given.

SALIDAS

DESTINO	TREN	HORA	ANDEN	VIA
	Talgo		2	1

LLEGADAS

PROCEDENCIA	TREN	HORA	ANDEN	VIA
AVILA				2
	Expreso	14 23		

2 Listen to the airport announcements, which are given twice, and say whether the following statements are *verdad* (true) or *mentira* (false).

1 Si vas a tomar el avión para Zurich tienes que darte prisa.

2 Los pasajeros para el vuelo de Swissair tienen que embarcar por la puerta número 7.

3 El vuelo de Iberia 453 sale para Londres.

4 Los pasajeros para Buenos Aires tienen que esperar una hora por problemas técnicos.

5 La puerta de embarque para el vuelo de Aerolíneas Argentinas es la número 3.

3 Copy the map. Listen to the directions given in the recording (twice) and mark the routes on the map. Then write down what the places marked A, B and C on the map are.

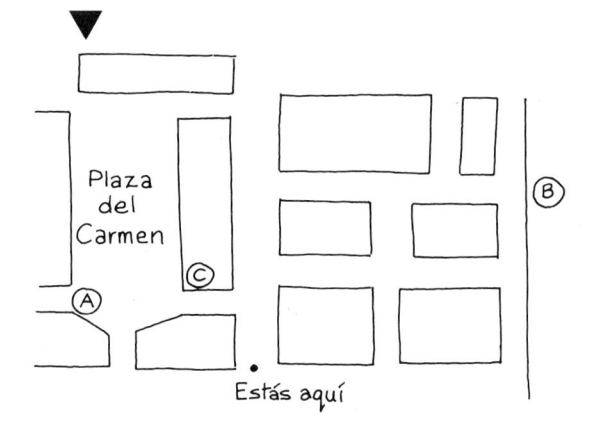

Plaza del Carmen

Estás aquí

4 Listen to the description of a room and spot the five differences between the room described in the recording and the picture here. You will hear the description twice.

5 Listen to the survey about the way people prefer to travel, then fill in the grid in Spanish.

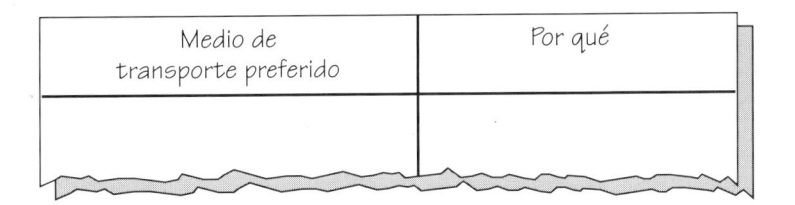

Medio de transporte preferido	Por qué

6 *Operación Salida* is the Spanish traffic authorities' code name for the task of controlling traffic on the day when most Spanish people go away on holiday (usually at the end of July). Listen to the radio report and answer the questions in Spanish.

1 ¿Dónde es probable que los problemas de tráfico sean peores?

2 ¿Por qué piensan las autoridades que el problema va a ser peor este año?

3 ¿Qué medidas ha tomado la Dirección General de Tráfico para reducir el problema?

4 Explica cómo está el tráfico en estas ciudades:
  (a) Madrid y Barcelona
  (b) Valencia
  (c) Málaga.

3
Escucha

7 Listen to the radio quiz programme *¿Conoces Madrid?*. First listen to Section 1 and write down in Spanish what you have to do.

Then listen to Section 2 and find on the plan of Madrid the places mentioned by Paloma. Try to guess the mystery place before she does. (Use the "pause" button if you wish.) Write it down when you have found it.

After doing this exercise you could try this game with a partner, using a map of your own town.

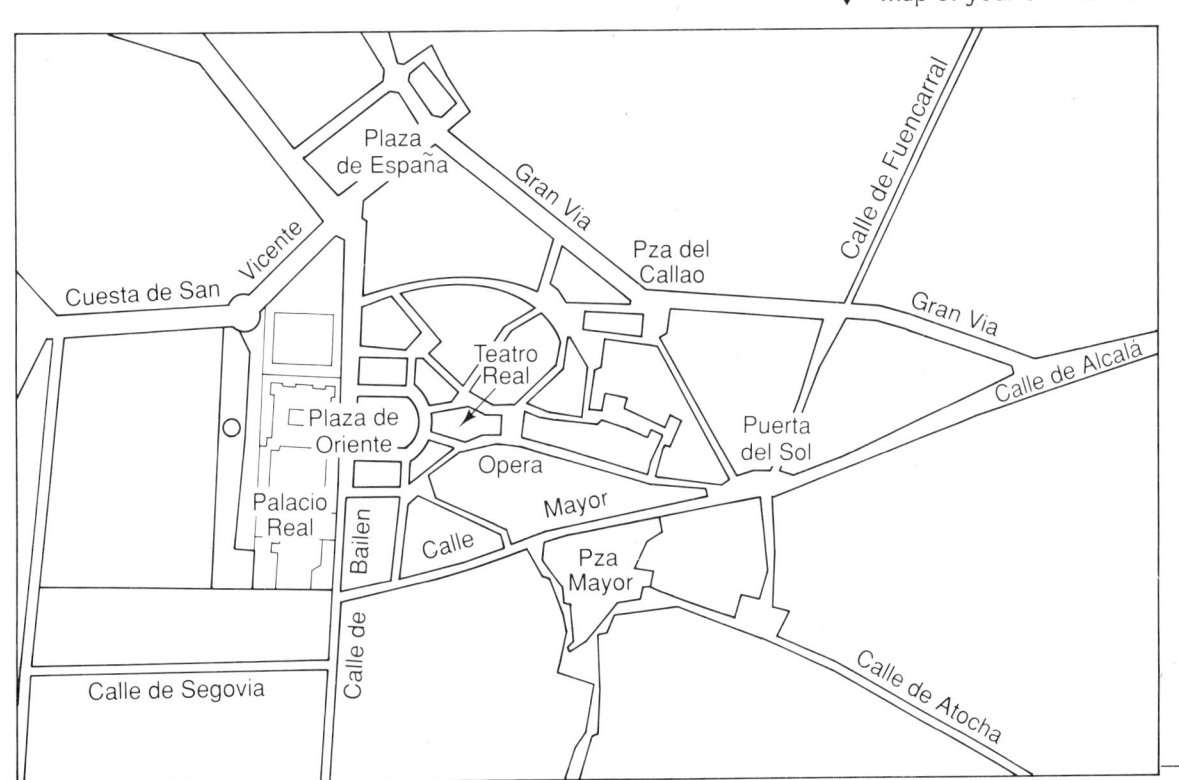

3 Habla

1 Work in pairs. Look at the street map and take turns in asking each other where the places numbered on the map are. Here is an example:

– Por favor. ¿Dónde está el Cine Astoria?

– El cine Astoria está en la Avenida Dos de Mayo, cerca de la estación.

1 – Oficina de Turismo
2 – Estación (RENFE)
3 – Cine Astoria
4 – Hotel Alfonso XII
5 – Banco de Santander
6 – Museo Arqueológico

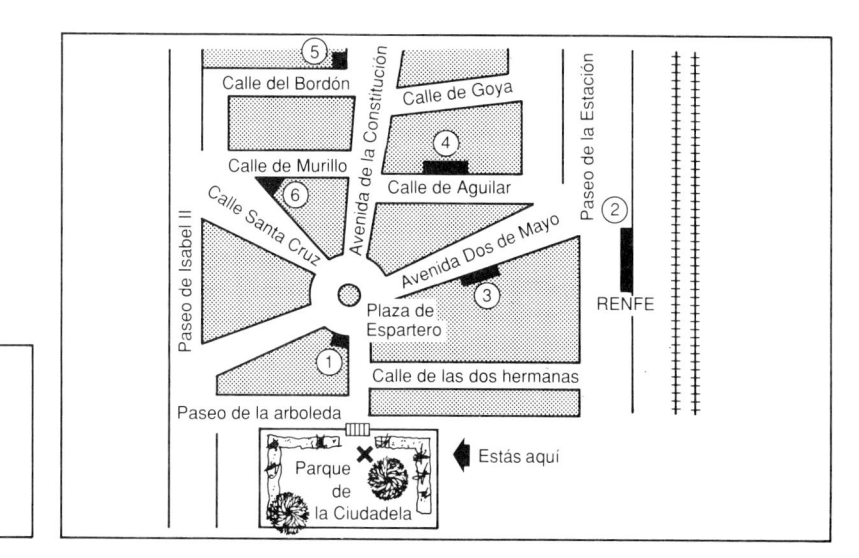

2 Work in pairs. Look at the picture of a bedroom. One of you should think of something in the picture. The other has to guess what it is by asking where it is. Take turns in asking and answering the questions. Here is an example:

A

¿Está en la pared?

¿Está cerca de la ventana?

¿Está a la derecha de la ventana?

¿Está a la izquierda de la ventana?

¿Es el reloj?

B

Sí está en la pared.

Sí, está cerca de la ventana.

No, no está a la derecha de la ventana.

Sí, está a la izquierda de la ventana.

Sí, es el reloj.

3 Habla

3 Work in pairs. Look at the map opposite again, and take turns in asking each other how to get to the various places marked on it. You are both in the Parque de la Ciudadela. Here is an example:

A

Por favor, ¿para ir al Museo Arqueológico?

¿Está muy lejos?

Muchas gracias, adiós.

B

Pues, mire, todo recto al salir del parque, cruce la plaza de Espartero, siga por la Avenida de la Constitución, la primera a la izquierda es la Calle de Murillo. Siga por esta calle y al final, en la esquina, está el museo.

No, no está lejos. Unos 5 minutos a pie.

De nada, adiós.

4 You meet a Spanish tourist in your town, who seems to be completely lost. He/she asks you how to get to the following places:

– a department store
– the post office
– a bank
– any interesting places to visit.

Tell him/her how to get to these places. Work in pairs, taking turns in playing the part of the tourist.

5 Prepare a short talk about your home town for a Spanish visitor.

Describe your town and its character, places of interest, etc and explain how to get to your home from the centre of the town. Record your talk in Spanish on cassette.

3 Lee

1 Which of the following places are on these signs?

(a) (castle icon)
(b) (pyramid/market icon)
(c) MARKET
(d) SUPERMARKET
(e) MOVIE
(f) (church icon)
(g) H HOSPITAL
(h) G.P.

Sign: iglesia / castillo árabe / ayuntamiento / mercado / consultorio médico

2 You are travelling by plane to Spain with your family. You find the following information about Barajas Airport in an in-flight magazine. Tell your parents:

1 How many cigarettes and alcoholic drinks are allowed duty-free.

2 How much money (in Spanish and foreign currency) tourists can bring into the country.

3 How to get to Madrid from the airport.

ADUANAS /

Las leyes españolas autorizan a introducir en el país los siguientes artículos:
TABACO: cigarrillos, 200 unidades - Cigarritos puros, 100 unidades - Cigarros puros, 50 unidades - Tabaco de pipa o similares, 250 gramos.
BEBIDAS ALCOHOLICAS: Con graduación igual o inferior a 22°, dos litros o un litro si es superior a 22°.
PERFUMES: 50 gramos.
AGUA DE COLONIA: Un cuarto de litro.

DIVISAS /

Importación permitida
Moneda local y extranjera ilimitada. Si la cantidad importada sobrepasa las 100.000 Ptas. en moneda local o 500.000 Ptas. en moneda extranjera. Los no residentes deben declarar esta cantidad a la entrada para evitar posibles problemas a la salida.

Exportación permitida
NO RESIDENTES
1. Moneda local hasta 100.000 Ptas. Para cantidades mayores, se debe obtener autorización de las autoridades monetarias.
2. Moneda extranjera sin límites, siempre y cuando esta cantidad no sobrepase la cantidad declarada a la llegada.

TRANSPORTES /

AUTOBUSES AMARILLOS. Destino: Plaza del Descubrimiento (antes Colón) en el Centro de la ciudad y en sentido contrario. Precio por persona y equipaje: 140 ptas. Hace paradas intermedias que podrá utilizar si sólo lleva equipaje de mano.

TAXI. A modo de orientación, un desplazamiento en taxi entre el Aeropuerto y el centro de la ciudad puede costar entre 800 y 1.000 pesetas.

3 Read the advert to find out about the cheapest way to travel around Madrid by public transport.

1 Si viajas en metro
   (a) ¿Qué debes comprar?
   (b) ¿Dónde?
   (c) ¿Qué descuento tiene?

2 Si viajas en autobús
   (a) ¿Qué debes comprar?
   (b) ¿Dónde?
   (c) ¿Qué descuento tiene?

3 (a) ¿Para qué tipo de personas son los abonos?
   (b) Escribe quien puede comprar un abono y cuáles son las ventajas.

4 Your penfriend has sent you this letter, telling you how to get to Cerro de Alarcón, where her holiday home is, from Madrid. You want to tell a friend, who will be visiting you in Spain, where you will be staying. Draw a map with instructions (in English) for your friend.

EN EL METRO

410 Ptas.

Pida en las taquillas el billete de 10 viajes. No caduca y le cuesta un 32% menos que si viaja con billete sencillo.

EN EL AUTOBUS

370 Ptas.

Con el Bono Bus. Para que viaje 10 veces y se ahorre un 38% en relación con el billete sencillo. Consígalo en las casetas de la E.M.T., Oficinas de la Caja de Ahorros de Madrid o Banesto.

EN TODO

Y si viaja a menudo en Tren, Autobús y Metro, elija el abono Transportes que más le convenga:

ABONO TRANSPORTES: Puede viajar sin límite, durante todo el mes, ahorrando todavía más en su gasto de Transporte Público.

ABONO JOVEN: Para menores de 18 años, un tercio más barato que el Abono Transportes Normal.

ABONO TERCERA EDAD: Por sólo 1.000 Ptas., todas las zonas, para las personas de 65 años o más.

Solicite su Tarjeta en cualquier estanco, y con ella, adquiera su cupón mensual en estancos, casetas de la E.M.T. y Metro.

	PRECIO DEL CUPON MENSUAL			
	Zona A	Zona B1	Zona B2	Zona B3
Abono Normal	3.000	3.500	4.000	4.500
Abono Joven	2.000	2.300	2.700	3.000
Abono 3º Edad	1.000			

¡Hola! Te voy a explicar cómo llegar a mi chalet en la sierra. Para ir a El Cerro de Alarcón, primero, al salir de Madrid, coge la autopista M-30, dirección norte, hacia Las Rozas. Luego sigue en dirección a El Escorial; antes de llegar verás una desviación hacia Valdemorillo. Tomas esta desviación, atraviesas Valdemorillo y a la salida del pueblo hay un letrero indicando la carretera de El Cerro de Alarcón. Desde allí son sólo 5 kilómetros.

Hasta pronto   Monica

3 Escribe

1 You have been invited to a party and you are going to take your Spanish exchange partner who is staying with you.

You have to go out, but your Spanish friend is not at home. Leave a message for him/her in Spanish, telling him/her how to get to your friend Steve's house where the party is being held. This is what you should say in your message: ▶

> Go straight down to the main road, turn left, take the second street on the right. Steve's house is number 43, next to a supermarket.

2 You are going to Spain next week. This is how you are travelling:

- You are flying from London to Valencia.
- Your flight number is Iberia 436.
- You are leaving London at 9.30 a.m. and arriving in Valencia at 11.55 a.m.

Write a postcard in Spanish to your Spanish friend, telling him/her the details of your journey and asking him/her to pick you up at the airport.

3 You are staying in Madrid, in a hotel in the Calle Mayor. Tonight you want to go to *El Ultimo Cuplé* with your Spanish friend. He/She is out when you call but will be meeting you at your hotel later. Leave him/her a message in Spanish saying why the place appeals to you, and giving him/her directions from the hotel to the restaurant. ▶

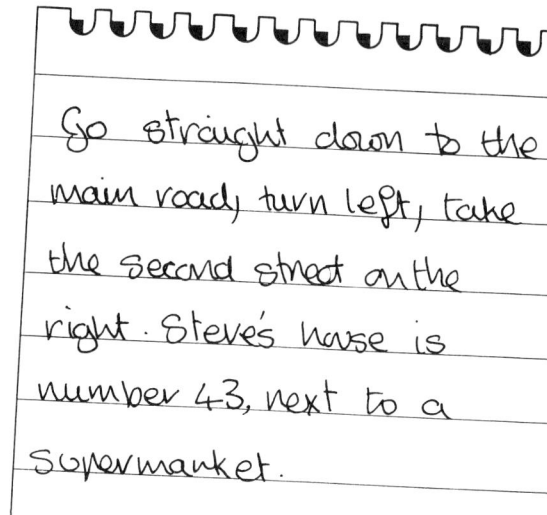

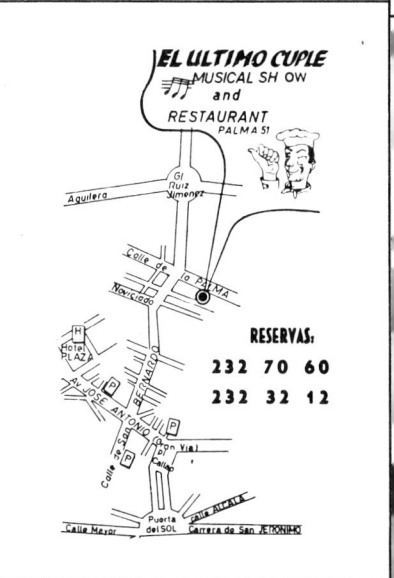

ESTA NOCHE ¿DONDE?
en el RESTAURANTE MUSICAL: BAR
"EL ULTIMO CUPLE"
Calle Palma 51
ESPECTACULO MUSICAL
CON PARTICIPACION DEL PUBLICO
¡¡todo el mundo canta!!
OLGA RAMOS y Las Veteranas

EL ULTIMO CUPLE
MUSICAL SHOW and RESTAURANT
PALMA 51

RESERVAS:
232 70 60
232 32 12

4 You have received this letter from your Spanish penfriend, Pablo. He is coming to Britain with his family and he wants to come and see you.

Write a reply to Pablo in Spanish, telling him the best way to get to your house from central London. Make sure you answer all the questions in his letter.

3 Escribe

> ¡Hola! Hoy te escribo para decirte que voy a ir con mis padres a Gran Bretaña y me gustaría verte. Vamos a pasar unos días en Londres y luego vamos a viajar un poco por el país.
> En Londres vamos a estar en un hotel en el centro. ¿Cómo podemos ir del centro de Londres a dónde tú vives? Mis padres piensan que podríamos alquilar un coche. ¿Es caro? ¿Es mejor viajar en coche, o en tren o autobús? Por favor escríbeme pronto contestando a todas estas preguntas. Dame también instrucciones para llegar a tu casa. Llegamos a Londres el 16 de julio. Tengo muchísimas ganas de verte.
> Hasta pronto
> Pablo

5 Your Spanish teacher has told you about a competition organised by the Spanish railway company (RENFE) to promote travelling by rail. The prize is unlimited travel by rail in Spain for a month. To enter the competition you have to write 100–150 words in Spanish, describing the advantages of travelling by train, making use of the slogan:

RENFE — MEJORA TU TREN DE VIDA

4 Escucha — El tiempo y las vacaciones

1 Trace the map of Spain. Listen to the weather forecast, which you will hear twice, and put the appropriate symbols in the right places on the map.

2 Listen twice to two people talking about where they like to spend their holidays. Make notes in Spanish about the differences between the two places.

3 Four people are talking about how they celebrated their birthdays. You will hear their discussion twice. Note down what they say, using these headings as a guide.

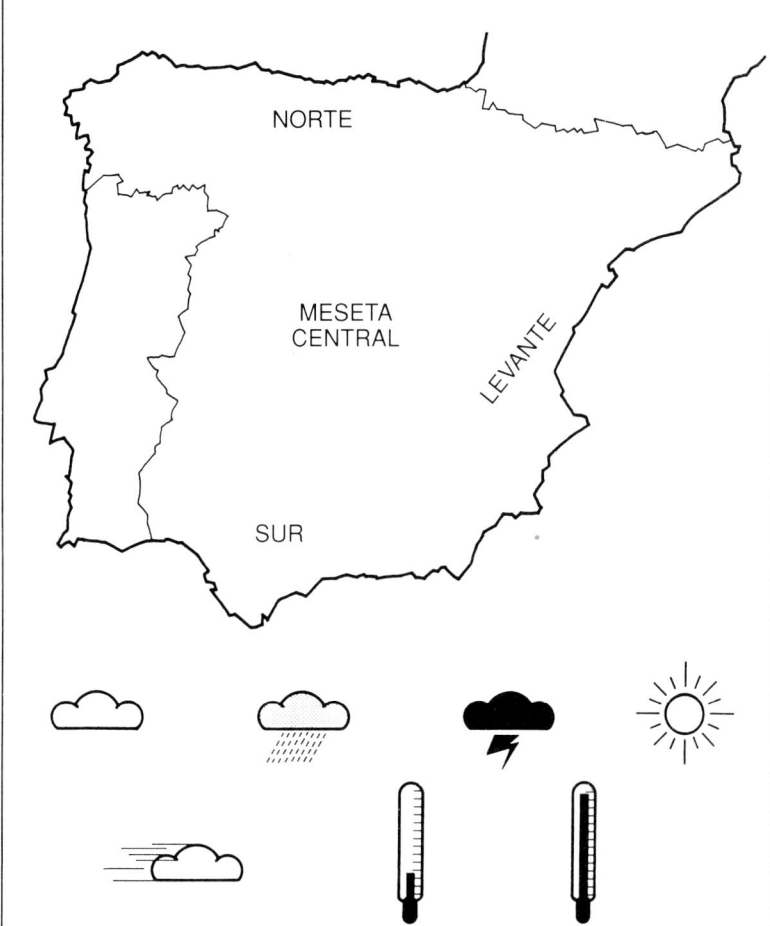

▼

	Dónde	Con quién	Qué hicieron	Planes para el año que viene
Section 1				
Section 2				
Section 3				
Section 4				

4 Two girls are talking about where they are going to spend their holidays. Listen to the recording and make notes in Spanish of the attractions of each place.
(a) the mountains
(b) the beach.

5 Isidoro is describing how he spent his Christmas holidays. Listen to the recording and write down, in Spanish, the differences between the ways Christmas and New Year are celebrated in Spain and in Britain.

6 Javier has just returned from a holiday, but it seems to have been a disaster. Listen to the recording and write down, in Spanish, what went wrong with each of the following:
(a) el equipaje
(b) el hotel
(c) el tiempo.

4 Habla

1 Work in pairs. Look at this weather map for today in Spain. Take turns in asking each other what the weather is like in different parts of Spain. For example:

– ¿Qué tiempo hace en Galicia?   – En Galicia está lloviendo.

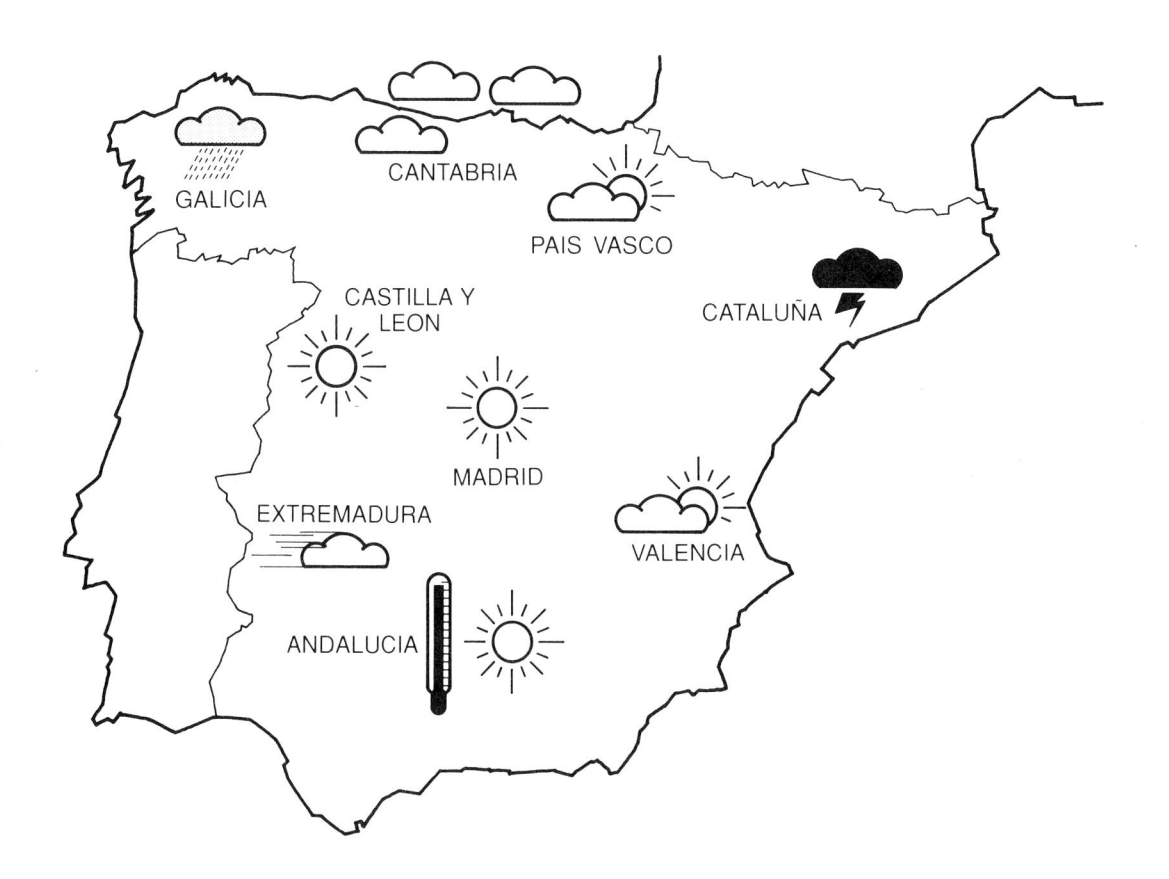

[Weather map of Spain showing: GALICIA (rain), CANTABRIA (cloudy), PAIS VASCO (sun with cloud), CATALUÑA (thunderstorm), CASTILLA Y LEON (sun), MADRID (sun), EXTREMADURA (windy/cloud), VALENCIA (sun with cloud), ANDALUCIA (sun, hot thermometer)]

2 Work in pairs. Take turns in asking each other what you are going to do, or what you would like to do, in your summer holidays. Here are some questions which you could ask:

– ¿Adónde vas a ir de vacaciones?

– ¿Vas con tu familia?

– ¿Cuánto tiempo vas a pasar en . . .?

– ¿Qué vas a hacer durante las vacaciones?

3 Work in pairs. Ask each other questions about your last holiday or day out. Talk about:

– adónde fuiste y con quién

– cuánto tiempo pasaste allí

– qué hiciste (por las mañanas, tardes, noches)

– qué te parecieron tus vacaciones

– si te gustaría volver al mismo sitio.

4 Do a survey in Spanish of where six people in your class or group last went on holiday or on a trip, how long they stayed and how they travelled. Record the results, in Spanish, in a grid like the one shown here. ▶

Nombre	Lugar	Tiempo	Medio de transporte
....	....	....	....
....	....	....	....
....	....	....	....
....	....	....	....
....	....	....	....
....	....	....	....

5 Work in pairs. Talk about what you usually do on your birthday and about what you are planning to do on your next one. Here are some questions which you could ask:

– ¿Cómo celebras tu cumpleaños normalmente?

– ¿Prefieres tener una fiesta en casa, en una discoteca o salir con tus amigos?

– ¿Qué te regalaron para tu último cumpleaños?

– ¿Cuál fue el mejor regalo?

– ¿Cuántos años vas a cumplir este año?

– ¿Qué planes tienes para celebrarlo?

– ¿A cuánta gente vas a invitar?

– ¿Qué te gustaría recibir como regalo este año?

6 This is what a Spanish boy wrote about how he likes to spend his holidays. Read the text and work with a partner. Discuss what the boy says, talk about what you like doing while on holiday and say whether you agree or disagree with his opinions about holidays. ▶

Para las vacaciones, me gusta hacer algo que sea totalmente diferente a lo que hago normalmente. Me gusta viajar a sitios que no conozco, preferentemente a países extranjeros, donde la gente y las costumbres son diferentes. Me gusta probar cosas nuevas, comidas diferentes, practicar deportes que nunca he probado, conocer a gente que piensa de otra forma. Me parece estúpido eso de ir a un sitio igual a donde vives y hacer las mismas cosas que haces el resto del año.

4 Lee

1 Read the card and say whether the following statements are true or false.
  1. Paco es el tío de Clara.
  2. Es el cumpleaños de Clara.
  3. Clara va a tener muchos regalos.
  4. Clara tiene el pelo corto.

Para una sobrina muy especial

Deseo
que tengas
una Navidad
tan alegre
y encantadora
como tú.

¡FELIZ NAVIDAD!

Querida Clara: Espero que Papá Noel te traiga muchos regalos. Aquí en España los Reyes Magos te van a traer muchas cosas bonitas porque me han dicho que eres muy buena.
Espero verte muy pronto y tirarte del pelo que será muy largo ya.
Muchos besos de
Paco

Reserva conjunta de tren y coche

Se trata de un billete combinado que puedes comprar, lo mismo que si fuera un billete de tren sencillo, en RENFE o en una agencia de viajes. La reserva del coche queda confirmada automáticamente, y al llegar al lugar donde viajes, a bordo del tren, te encuentras con un automóvil esperándote, llaves en mano y a tu disposición las veinticuatro horas del día. Los precios varían según la duración de la reserva. Infórmate en una oficina de RENFE.

2 While planning your holiday in Spain this summer, your parents want to know whether it is possible to combine travelling by train and hired car. Read this article and make notes in Spanish under the following headings:
  1. En que consiste la oferta
  2. Donde se puede hacer la reserva
  3. Cuándo y donde tienes el coche
  4. Donde se puede conseguir más información.

Day 1
Day 2
Day 3
Day 4
Day 5
Day 6
Day 7

4 Lee

3 Your parents are interested in going to Italy and they ask you to tell them what this trip includes. Read the itinerary below and write a summary of the trip in English.

ROMA-FLORENCIA

7 días/6 noches.
SALIDAS: Diarias.
ITINERARIO (IT8IB2MAD1688)

1.er día: ESPAÑA-ROMA
Salida en avión de línea regular, clase turista, con destino a Roma. Llegada al aeropuerto de Fiumicino y traslado al hotel. Alojamiento.

2.º y 3.er día: ROMA
Alojamiento y desayuno en el hotel. Días libres con posibilidad de realizar magníficas excursiones facultativas; les recomendamos entre otras:
 – Visita de la ciudad, de medio día.
 – Visita a Tívoli, de medio día.
 – Excursión a Pompeya, día completo.
 – Excursión a Capri, día completo.
 – Excursión a Florencia, día completo.

4.º día: ROMA-FLORENCIA
Desayuno en el hotel. Salida en tren con destino a Florencia. Llegada y alojamiento en el hotel. Florencia, cuna del Renacimiento, es conocida como la ciudad de los Médito, en ella crearon y vivieron grandes artisci, que han dejado un legado inigualable de obras maestras.

5.º día: FLORENCIA
Alojamiento y desayuno en el hotel. Por la mañana les recomendamos una excursión facultativa de la ciudad de Florencia, con un recorrido por sus principales monumentos: Palacio de los Pitti, Galería de los Pitti (visita), Plaza de Miguel Angel, con una visita panorámica de la ciudad, Catedral (visita), Torre de Giotto, Baptisterio, Academia de Bellas Artes, visitando el David original de Miguel Angel y otras esculturas.

6.º día: FLORENCIA
Alojamiento y desayuno en el hotel. Excursión facultativa a Pisa. Salida en autocar por la autopista hacia Pisa, atravesando los campos de la Toscana. Llegada a la histórica ciudad universitaria, situada sobre el río Arno. Visita de la Torre Inclinada, la Catedral, el Baptisterio y otros lugares de interés. Regreso a Florencia, con una breve parada en Lucca.

7.º día: FLORENCIA-ROMA-ESPAÑA
Desayuno en el hotel. A primera hora salida en tren hacia Roma. Llegada y traslado al aeropuerto por su cuenta. Salida en avión de línea regular, clase turista, con destino a su ciudad de origen. Llegada, fin del viaje y de nuestros servicios.

4 Lee

4 Your family is renting a house in Spain this summer. The people who own the house have sent you this programme of the *Fiestas* which will take place during your stay. Write down, in English, a list of the events which you think will be worth attending for each day of the *Fiestas*. ▶

PROGRAMA DE FIESTAS SANTIAGO APOSTOL

DOMINGO 17 DE JULIO
20,00 horas: Teatro infantil a cargo de la compañía de Angel Luis Yustas: «D. Juan Ligorio».

JUEVES 21 DE JULIO
12,00 horas: Juegos infantiles.
21,00 horas: Festival de la Escuela de Danza y Baile de la localidad.

VIERNES 22 DE JULIO
10,00 horas: Comienza campeonato de natación.
19,00 horas: Concurso de disfraces.
21,30 horas: Pregón de las fiestas a cargo de Joaquín Arozamena.
 0,00 horas: Fuegos artificiales. Bailes públicos a cargo de la orquesta BOREAL.

SABADO 23 DE JULIO
 9,00 horas: Encierro.
10,00 horas: Competiciones deportivas.
18,00 horas: Pasacalles a cargo de la Banda de Navalcarnero.
19,00 horas: Gran novillada. Con los diestros Carlos Neila y Juan Carlos Moreno. Rejoneador: Javier Mayoral. Vaquillas para los mozos. Bailes públicos a cargo de la orquesta MANDINGO. Discoteca Toc Toc, la segunda consumición, gratis.

DOMINGO 24 DE JULIO
 9,00 horas: Encierro de reses.
10,00 horas: Competiciones deportivas.
18,00 horas: Pasacalles Banda de Navalcarnero.
19,00 horas: Gran novillada con los diestros Jesús Pérez Gallego «El Madrileño» y Alejandro García García. Rejoneador: Justo Nieto. Vaquillas para los mozos.
21,00 horas: Bailes públicos. Grupo GANMA.

En Ibiza, cualquier época del año es buena para pasar unas estupendas vacaciones

En verano, la mayoría de los lugares turísticos se llenan de visitantes, pero en la isla de Ibiza se pueden pasar unas estupendas vacaciones durante los doce meses del año.

Ibiza en invierno es un mundo diferente donde se respira paz y tranquilidad. Hay muchísimas personas que desde hace muchos años pasan sus vacaciones de verano en la isla de Ibiza, pero nunca han estado allí en invierno. Si van en invierno podrán ver una Ibiza totalmente diferente. Podrán disfrutar de la isla y su belleza cuando no hay tanta gente como en verano.

En la isla, el clima en invierno es templado y agradable y se puede disfrutar del sol todos los días, dando un paseo por la playa, sentándose en la terraza de un café, mirando el mar desde el Paseo Marítimo... cualquier parte de la isla es maravillosa.

Para el que quiera divertirse, hay sitios para todos los gustos: discotecas, pubs, restaurantes, cines, conciertos y toda clase de espectáculos. Y si le gusta ir de compras podrá encontrar un surtido de productos de primera calidad a precios razonables: zapatos, cerámica, ropa, collares de perlas etc.

La isla de Ibiza es agradable en cualquier época del año. Por su clima, su paisaje y su ambiente cosmopolita. La próxima vez que piense donde pasar sus vacaciones de invierno, venga a Ibiza. No se arrepentirá.

5 Read the article about Ibiza and answer the following questions:

1 ¿En qué época del año se pueden pasar buenas vacaciones en Ibiza?

2 ¿Cuáles son las ventajas de ir a Ibiza en invierno?

3 ¿Qué se puede hacer en la isla?

4 ¿Qué diversiones hay en la isla para los turistas?

5 ¿Qué se puede comprar en Ibiza?

6 ¿Por qué es Ibiza un buen sitio para los turistas?

4 Lee

El arte del buen comer...

La gastronomía catalana proviene, como tantos otros aspectos, de la sabiduría y tradición popular. El tratamiento de productos sencillos consigue maravillas que el paladar agradece. Así, ha de probar el humilde pan untado con tomate, aliñado con aceite y sal, y comprobará que combina a la perfección con anchoas o con la rica variedad de embutidos del país. Pero, por otro lado, los platos catalanes llegan a un grado de inteligente elaboración y originalidad digno de las mejores cocinas. Pruebe si no el pollo con langosta, la lubina a la flor de tomillo y calabacines asados, la perdiz con uvas o el conejo con almendras, el «suquet de peix» o el «fricandó». Cada comarca catalana, en el interior o junto al mar, tiene sus especialidades. ¡Déjese aconsejar y descúbralas!

No es necesario decir que el complemento de una buena comida es un buen vino. Los excelentes vinos catalanes le ofrecen una variedad y calidad garantizadas por sus denominaciones de origen. Podrá saborear desde vinos blancos y rosados de suave paladar, hasta los vinos tintos de alta graduación y fuerte paladar. Los vinos espumosos de cava, de sabio cultivo y envejecimiento, han adquirido carta de naturaleza en Cataluña y, por su calidad, figuran entre los primeros productos de la exportación catalana. Y si es aficionado a los licores para finalizar una buena comida, también encontrará gran variedad de ellos, de elaboración casi artesanal.

6

1. Explica en qué consiste el "pan con tomate" catalán.
2. Describe cuatro especialidades de la cocina catalana.
3. Describe tres tipos diferentes de vino de esta región.
4. ¿Qué se puede hacer por la noche en Barcelona?
5. ¿Qué es "La Paloma"?
6. ¿Por qué es diferente el casino de Peralada?

...y de pasar una noche divertida

En Barcelona la noche tiene mil colores y formas distintas, como corresponde a una ciudad cosmopolita. No obstante, en verano, algunas poblaciones turísticas ofrecen tantas o más posibilidades de diversión. Encontrará espectáculos de todo tipo, desde el más puro flamenco, a los clubs nocturnos de línea más atrevida, sin olvidar las discotecas o las cavas de jazz. La noche barcelonesa cuenta con locales insólitos y de gran interés: la sala de baile «La Paloma», con una decoración del siglo pasado y el «music hall» «El Molino», ambos con una personalidad única en su género.

Si lo desea, puede probar suerte en alguno de los tres casinos de juego, uno de ellos, el de Peralada, instalado en un antiguo castillo con valiosas obras de arte.

CATALUNYA

37

4 Escribe

1 Write a Christmas card greeting in Spanish to your Spanish friend. If you need help, look at the card on page 34.

2 Your Spanish friend has sent you a programme of the day's events at his/her local *Fiesta*.

Write a programme of events for *your* local fête or carnival in Spanish to send to your friend.

3 You have just spent a weekend with your aunt and uncle who live in the country. Write a postcard in Spanish to your Spanish penfriend, telling him/her what you did during the weekend.

DIA DE SAN JUAN

10.00	Diana con bandas de música
11.00	Competiciones deportivas
17.00	Concurso de disfraces
18.00	Teatro infantil
21.00	Baile público con el grupo 'Miriada'

4 Escribe

4 Your Spanish penfriend has written to you, telling you that she is coming to stay with you at Easter and asking you a lot of questions. Reply to her letter in Spanish answering all her questions.

> ¡Hola!
>
> Espero que recibas pronto mi carta y que me contestes rápido, ya que llegaré dentro de tres semanas.
>
> En Madrid se puede decir que ha llegado la primavera, se está estupendamente, y no se necesita ropa de invierno.
>
> Mis padres se van a Sevilla a pasar la Semana Santa, como sabes, allí es muy celebrada, hacen fiestas, procesiones, etc....
>
> Dime el tiempo que hace en Gran Bretaña. ¿Qué clase de ropa debo llevar? Cuéntame cómo se celebra allí. ¿Qué costumbres tenéis en común con España? Y, por cierto, ¿qué es eso de los huevos de Pascua?
>
> Escríbeme pronto y hasta la vista
>
> Carmen

5 Write an article for your Spanish class magazine about a place in Britain that you would recommend to Spanish tourists for a holiday. You could write about your own town or any other place which you know well.

In your article, say something about the following:

– descripción del lugar

– monumentos, cosas de interés para el turista

– lo que se puede hacer

– comida

– tiempo.

6 A Spanish magazine is running a competition. The prize is a holiday in Spain. You have to write in Spanish about the best holiday you've ever had. Write an entry for the competition – you can make it up if you like.

5 Escucha — Compras

1 Listen twice to an advert from Spanish radio, then correct the errors in the prices for the items shown here.

1590pts 2.905pts 1.595pts

2 You are in a supermarket doing the shopping when you hear an announcement, which is given twice. Copy and complete the list to show what you can get for these prices:

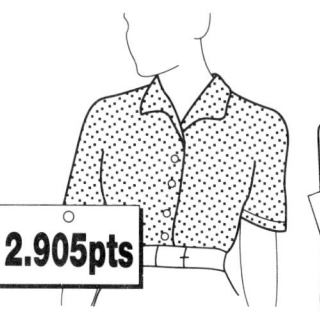

450 ptas
80 ptas
890 ptas
150 ptas
299 ptas
750 ptas

3 Monica went out shopping with the intention of buying various things.

Listen to the recording, which you will hear twice and choose the right description for each item she bought:

1 (a) verde (b) azul (c) rojo

2 (a) de algodón (b) pequeños (c) negros

3 (a) marrones (b) negras (c) rojas

4 Para su madre
 (a) unos pantalones grandes (b) unas botas (c) una blusa grande

4 Listen to the recording about what is going to be fashionable in the summer.

1 Take notes in Spanish under the following headings ▼

	colores	estilo	telas
hombre			
mujer			

2 Then look at these outfits. Explain, in Spanish, whether they are this summer's fashion, giving reasons.

A B C D

5 Eduardo wants to return a cassette to the shop. Listen to the conversation he has with the shop assistant and answer these questions in Spanish.

1 ¿Por qué quiere devolver el cassette?
2 ¿Por qué no tiene el recibo?
3 ¿Por qué no se puede devolver los cassettes?
4 ¿Con quién quiere hablar Eduardo?
5 ¿Cómo se soluciona el problema?

6 Listen to the recording and say whether the following statements are *verdad* (true) or *mentira* (false).

Section 1

1 La chica había perdido el recibo de la falda.
2 Un detective la paró al salir de la tienda.
3 La chica estaba preocupada cuando el detective le dijo que quería ver lo que tenía en la bolsa.
4 Como no tenía el recibo, el detective le acusó de haber robado la falda.
5 Fueron a hablar con la dependienta que le había vendido la falda.

Section 2

6 Finalmente, la cajera dijo que la chica había pagado la falda.
7 La chica estaba furiosa, así que la encargada se disculpó.
8 La encargada dijo que podía llevarse la falda gratis.

5 Habla

1 Work in pairs. One of you will play the role of the shopkeeper in this delicatessen, the other will be a customer. Then exchange roles.

CUSTOMER	SHOPKEEPER
You want to buy food for a picnic.	Suggest some things.
Ask for the things you would like.	Ask the customer how much of each.
Ask how much the things cost.	Give the cost, then suggest some different kinds of products.
Decide what and how much to buy.	Say how well the customer has chosen.

2 While staying in Spain you want to buy some clothes. Before you go to the shop you decide to practise with your friend. Work in pairs, taking turns to play each part.

SHOP ASSISTANT	CUSTOMER
¿En qué puedo servirle?	You want a blouse/shirt.
Aquí tiene una camisa roja que está muy bien.	Ask if they have it in other colours.
Sí, la hay también en verde, azul y blanco.	Ask for the blue one.
¿Cuál es su talla?	You are a size 40.
Sí, aquí tiene.	Ask if you can try it on.
Sí, claro, el probador está al fondo.	Say that it fits, and ask how much it costs.
Pues, ésta cuesta dos mil novecientas pesetas.	Say you'll take it.
Muy bien, se la envuelvo.	Pay and say goodbye.

5 Habla

3 Act out a conversation taking place in each shop in the pictures. Work in pairs, taking turns to play the roles of customer and shop assistant.

(b)

(a)

(c)

4 ¿Quién hace la compra en tu familia?

Do a survey in Spanish. Work in groups of four. Make a note of the answers of all the members of the group. Then one of you should move to another group to find out what their answers were, and to report the answers of your group.

Here are some questions:

- ¿Cuántas veces por semana se hace la compra en tu casa?
- ¿Quién hace la compra generalmente? (¿Tu padre/madre/hermana/hermano/tú?)
- ¿Quién decide qué cosas hay que comprar?
- ¿Tu madre es ama de casa o trabaja fuera?
- ¿Dónde hacéis la compra generalmente? (Varias tiendas, supermercado, hipermercado.)

5 ¿En qué tipo de tiendas te gusta comprar?

Work with a partner and compare the different shopping alternatives, ie: traditional shops or the more modern shopping centres. Express your preference, giving reasons for your choice.

Here is some vocabularly to help you:

Tiendas pequeñas

diferentes, curiosidades, cosas originales, poco práctico, no mucha variedad.

Centros comerciales

Todo tipo de tiendas, gran variedad, práctico, divertido, demasiada gente, demasiado grande, caro.

Mercados y mercadillos

Divertido, interesante, cosas originales, baratas, oportunidades.

Grandes almacenes

Todo tipo de cosas en un edificio, buenas rebajas, normalmente más caro que otras tiendas.

Boutiques, tiendas de moda

Ropa de última moda, muy bueno para los jóvenes, caro, no siempre tienen tu talla.

43

5 Lee

1 Your mother was given this card in Avila. She wants to know what they sell in this shop. Write down in English as many items as you can.

Las Horcas

RECUERDOS DE AVILA
ARTESANIA - CERAMICA
VINOS DE CEBREROS
QUESO PURO DE OVEJA
CHORIZO DE AVILA

San Vicente, 3 - Telf. 22 04 55   Avila

2 You want to buy a present for your baby sister, but you only have 1500 pesetas to spend. Look at this advert and write, in Spanish, what you could buy for her.

Hasta el Sábado 31, UNA GRAN OFERTA.

Chandal afelpado, con estampación	1.525	**1.195**
Vestido con estampado de flores	4.695	**3.695**
Vestido con estampado de cuadros	4.695	**3.695**
Pantalón largo de pana	1.425	**1.095**
Pantalón largo de pana	1.995	**1.595**
Pantalón largo con peto, tejano	1.795	**1.395**
Pantalón largo con peto, de pana	1.995	**1.595**
Camisa con manga larga en viyella a cuadros	1.895	**1.495**
Camisa con manga larga, estampada	1.495	**1.195**
Buzo de ciré liso	3.995	**3.195**
Jersey con manga larga en liso	1.495	**995**
Cuna de madera, 120 x 60, Somier tres posiciones	12.995	**10.395**
Parque de aro, tapizado	5.775	**4.595**
Bota en Box-calf, para bebé	1.350	**995**
Bota en Box-calf, Tallas: 1 a 3 años	2.795	**2.195**

3 At the end of your stay in Spain you go to a department store to buy some presents. Read the store guide at the top of page 45, then write down next to each item on your shopping list the department and floor where you will find it.

Present List

Handbag for Mum
DIY gadget for Dad
Toy for little horror (Fiona)
China ornament for Auntie Norah
Cassette for Marina
Book for Mr. + Mrs Herrero

5 Lee

SÓTANO	PLANTA BAJA	1ª PLANTA	2ª PLANTA
Jardinería, Muebles jardín y terraza, Bricolage, Electro-domésticos, Accesorios del automóvil	Droguería, Perfumería, Objetos para regalo, Librería, Tienda de música, Accesorios, Artículos de fumador	Artículos para el hogar, Vajillas, Cuberterías, Mantelerías, Cerámica, Artículos de cocina	Mundo del bebé, Moda niños, Juguetes, Zapatería, Uniformes

3ª PLANTA	4ª PLANTA	5ª PLANTA
Caballeros, Moda, Boutique Joven, Zapatería, Deportes	Señoras, Señoritas, Boutique, Lencería, Bolsos, Zapatería, Peluquería	Cafetería, Restaurante, Supermercado, Servicio Tarjeta de Compra, Cambio de moneda, Agencia de Viajes

4 Read the article, then answer the following questions in Spanish.

1 ¿Cuándo tuvo lugar el robo?
2 ¿Cómo era el sistema de seguridad de la tienda?
3 ¿Cómo entraron en la tienda los ladrones?
4 ¿Qué tipo de artículos robaron?
5 ¿Qué piensa del robo el dueño de la tienda? ¿Por qué?

Espectacular robo en una tienda de electrodomésticos

Madrid. **M. A.**

Alrededor de las cinco de la madrugada del pasado domingo, una banda «de, al menos, ocho o nueve individuos» desvalijó el establecimiento de electrodomésticos de la cadena «Expert», situado en el número 142 de la calle Toledo, recientemente inaugurado y, según los propietarios, equipado con los más modernos sistemas de seguridad.

Los ladrones retiraron todos los vehículos estacionados en batería frente al establecimiento, con el fin de dejar paso libre a los escaparates. Posteriormente, estrellaron uno de los coches en los que se habían desplazado contra el cristal antibala, para acceder a la tienda.

Se calcula que las pérdidas, entre sistemas de seguridad destrozados y productos sustraídos –vídeos, cadenas musicales, televisores y otros electrodomésticos pequeños–, se elevan a más de diez millones de pesetas.

«Tenemos la certeza –declaró a ABC el encargado del establecimiento– de que se trata de una operación perfectamente estudiada; tardaron menos de un cuarto de hora en desvalijar la tienda. Los sistemas de seguridad ya no son suficientes. Van a ser necesarias las metralletas...»

5 Lee

5 Find out which of the following are offered by *El Corte Inglés*.

(a) travel agency
(b) hairdresser
(c) fashion items
(d) payment by credit card
(e) foreign currency exchange
(f) car hire
(g) restaurants.

Todas sus compras, en España, sin salir de El Corte Inglés.

El Corte Inglés cuenta con 17 Grandes Centros Comerciales repartidos por toda España, dedicados a la Moda y a sus complementos, el Hogar, la Decoración, los Deportes... Pero, además cada Centro de El Corte Inglés es todo un mundo de atenciones y servicios: Agencia de Viajes, cambio de moneda extranjera, Carta de Compras, Restaurantes-Cafetería, Boutiques Internacionales, souvenirs y artículos turísticos, admisión de Tarjetas de Crédito... Todo para hacer más fáciles sus compras.

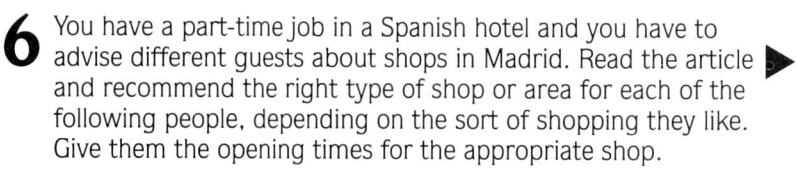

TOURISHOP
TAX FREE
FOR TOURISTS
El Corte Inglés

MADRID DE COMPRAS

Horario comercial: De 9,30 a 13,30 y de 17,30 a 20 horas. Los grandes almacenes (Corte Inglés, Galerías Preciados) no cierran a mediodía. Los Vips permanecen abiertos hasta las 3 de la madrugada.

Comprar en comercios tradicionales: Pequeñas y variadísimas tiendas del Centro: Puerta del Sol, Plaza Mayor y sus innumerables calles vecinas.

Comprar en los clásicos Comercios «con estilo», dedicados principalmente a joyería, modas, piel y muebles. Gran Vía, Calle del Carmen y Preciados, y las Boutiques del Barrio de Salamanca.

Comprar en los nuevos: Lo último mo en sus escaparates. Calle Princesa, Centro Azca y el modernísimo Centro Comercial Madrid-2 (La Vaguada), al norte de la ciudad.

Antigüedades. Existen tres zonas:

El Rastro, mercado de todo, cuenta con valiosos anticuarios. Ribera de Curtidores y calles cercanas.

Barrio de Salamanca, prestigiosas tiendas diseminadas por sus calles.

Zona de Carrera de San Jerónimo, Santa Catalina y El Prado.

6 You have a part-time job in a Spanish hotel and you have to advise different guests about shops in Madrid. Read the article and recommend the right type of shop or area for each of the following people, depending on the sort of shopping they like. Give them the opening times for the appropriate shop.

1 Mr y Mrs Stanley, de California, 50 años. Al señor Stanley le gustan las antigüedades. A la señora le gustan las joyas, los abrigos de pieles y la ropa elegante.

2 Teresa Molina, de Barcelona, 20 años. Le gustan las tiendas modernas de todo tipo, los grandes almacenes y los centros comerciales.

3 Mrs Davies, de Manchester, 30 años. No le gustan los grandes almacenes o los centros comerciales porque son iguales en todos los países. Prefiere las tiendas pequeñas y los mercados.

7 At the end of your stay in Spain you want to buy some presents for your family. You find these gift ideas in a magazine. Choose presents for three members of your family. Write down in Spanish what you have chosen for each, giving reasons for your choice.

Juguetes de latón

Tiernos y nostálgicos, estos juguetes te remontarán a épocas pasadas. Hay muchísimos modelos y tamaños. Los de la fotografía cuestan entre 500 y 600 pesetas.

Cubitos de playa

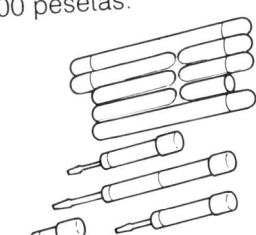

Gracioso cubito con el que tus pequeños disfrutarán «horrores» en la playa o en el parque. Lleva de todo: rastrillo, pala y moldes para hacer figuritas. Se divertirán y sacarán partido a su imaginación. Vale 1.100 pesetas

Destornillador

Destornilladores utilísimos y de todos los tamaños, hasta los más pequeños, que te servirán para cambiarle la pila al reloj o para intentar ser una «manitas» con tu batidora. Valen 1.450 pesetas.

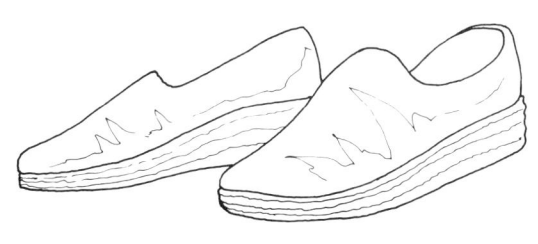

Antigua *Casa Crespo*

En Casa Crespo encontrarás las imprescindibles alpargatas de todo trote para el verano. Las hay de todos los colores, formas y tamaños, son cómodas, frescas y de plena moda. Si no conoces esta tienda, acércate por allí; te sorprenderá.

Copas de helado

Estas copas de helados en llamativos colores llevan incorporada su correspondiente cucharilla a juego. Cada una cuesta 380 pesetas

5 Escribe

1 Your Spanish friend has offered to accompany you to buy presents for your family and friends before you leave Spain. In order to decide what to buy, draw up a table like this and fill it in for at least three people you want a present for. ▶

Nombre	Le gusta(n)	Posibles regalos
Papá	Fumar en pipa, la música	una pipa, un encendedor, un disco de flamenco

2 Tonight you are having a party for your Spanish friend who is staying with you at the moment. There are still a few things to buy, but you have to go to school now. Leave some money and write a message in Spanish for your friend, asking him/her to buy these things, and saying where to do the shopping. ▶

crisps (3 big bags)
peanuts (1 packet)
2 litre bottles of Coca-Cola
1 tub chocolate ice-cream

3 During your stay in Spain you decide to have a picnic with your penfriend's friends.

Write a shopping list, in Spanish, of at least eight things you will need to buy for the picnic.

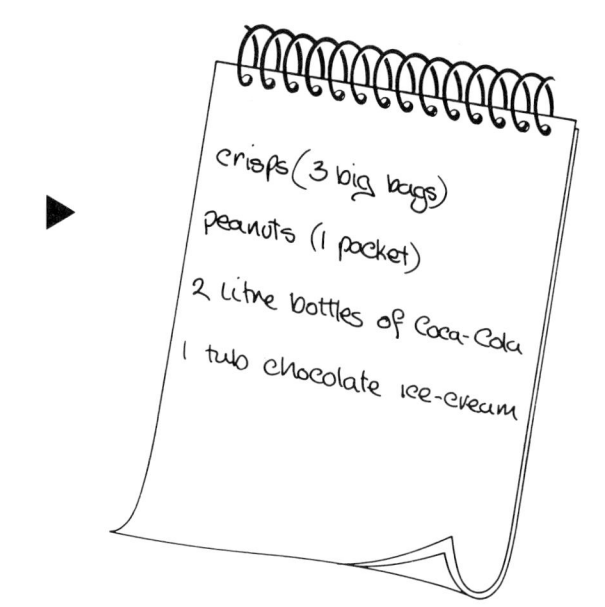

4 Your Spanish friend is coming to stay with you soon. He/she has written to you, asking what presents he/she could bring for you and your family. Write a reply in Spanish, telling your friend what presents would be suitable for everybody, and why.

5 Your Spanish friend has sent you this letter, telling you something about shopping in Spain.

Write a reply to his letter in Spanish, answering his questions and explaining differences and similarities between shopping in Spain and in Britain.

6 Write down, in Spanish, a summary of the findings of the survey in task 4 on page 43.

5 Escribe

> A mí me encanta ir de tiendas, me gusta muchísimo ir al mercado a hacer la compra con mi madre. A pesar de que hoy día mucha gente compra en los supermercados, yo prefiero el mercado, con tantos puestos y tanto ruido. Mi madre prefiere comprar en las tiendas pequeñas del barrio, donde todo el mundo se conoce, dice que los supermercados son prácticos pero muy impersonales. Para comprarme ropa voy o bien a una boutique, o a uno de los grandes almacenes como "El Corte Inglés" o "Galerías", porque hay de todo y están abiertos todo el día, de 9 de la mañana a 8 de la tarde.
> Algún Domingo voy al Rastro, que es un mercado al aire libre, enorme, donde se puede comprar de todo, desde cosas de segunda mano a antigüedades, discos, libros, de todo. Se encuentra ropa bastante barata y también discos y cassettes.
> ¿Cómo son las tiendas por ahí? Cuéntame algo en tu próxima carta.
> Hasta la próxima.
> Alberto

6 Comer y beber

Escucha

	Tapas	Bebidas
Cliente 1		
Cliente 2		
Cliente 3		
Cliente 4		

1 Four people are ordering tapas and drinks in a bar. Imagine you are the waiter, and take down the order for each of the four customers. You will hear the orders twice.

2 Copy the grid below.

Some Spanish people are talking about the kind of food they like and dislike. You will hear their conversation twice. Write down in Spanish their likes and dislikes, then tick whether you agree or disagree with them.

▼

	Le gusta	No le gusta	Estoy de acuerdo	No estoy de acuerdo
Section 1				
Section 2				
Section 3				
Section 4				

3 You will hear an advert from Spanish radio twice. Make a note in English of what the new cafe *Alaska* is like, so that you can tell your parents.

4 Your parents would like some details on the Riviera restaurant. Write down, in English, four good things about the restaurant that you will hear described twice.

5 Four Spanish people are explaining what some Spanish dishes are like.

Section 1 *Ensaladilla Rusa*

Section 2 *Paella*

Section 3 *Pisto*

Section 4 *Huevos a la Flamenca*

Make a note of what they say about each dish, and write down in Spanish which ones you would or would not like, explaining why.

6 Four people are complaining in a restaurant. Write down in Spanish what each person's complaint is, and what the waiter is going to do about it.

7 Three Spanish people are talking about the specialities of their region. Write down in Spanish what the specialities are, and which ones you would or would not like, giving reasons.

Región	Especialidad	¿Te gustaría?	¿Por qué?
Léon			
Madrid			
Andalucía			

6 Habla

1 Work in pairs. One of you will be the waiter/waitress, the other a customer ordering drinks for some friends. Then exchange roles.

WAITER/WAITRESS	CUSTOMER
¿Qué desean?	Ask for a cola and an orange juice.
Muy bien, ¿algo más?	Ask if they have bottles of beer.
Sí, tenemos en botellín y en botella grande.	Ask for a small bottle.
Sí, aquí tienen.	Ask how much it is.
Pues, son quinientas setenta y tres pesetas.	Pay and say thank you.

2 Work in pairs. One of you will be the customer, ordering snacks from this menu for your family. The other will be the waiter/waitress. Then exchange roles. ▶

3 You are with your family in Spain. You all want something to eat and drink. You find a café and decide to order.

- 2 colas and 1 lemonade
- veal with chips and salad
- hamburger, chips, egg and salad
- chop, chips and salad.

Order for everybody from the menu below.

Work in pairs, one of you acting as the waiter/waitress. Then exchange roles.

▼

TAPAS

CARNE CON TOMATE
MORCILLA
LONGANIZA Y CHORIZO
ALBONDIGAS
RACION DE PAELLA
CROQUETAS
CALAMARES
PULPO
GAMBAS
LENGUADOS
RAYA
CHIPIRONES
BOQUERONES
BOCADILLOS
CHORIZO, SALCHICHON, QUESO Y JAMON
LOMO PEPITOS
HAMBURGUESAS
ANCHOS
ATUN
LONGANIZA
CHORIZO CASERO

RACIONES Y PLATOS COMBINADOS — PTAS

1. PAELLA de MARISCOS o CARNE por PERSONA — 400
2. SOPA YUSUF ESPECIALIDAD DE LA CASA — 200
3. HUEVO BEICON Y PATATAS — 350
4. TORTILLA FRANCESA LOMO Y PATATAS — 400
5. ENTREMESES VARIADOS DE LA CASA — 350
6. COMBINADO YUSUF JAMON QUESO LOMO horno — 500
7. TERNERA PATATAS Y ENSALADA — 550
8. HABAS CON JAMON HUEVO Y PATATAS — 500
9. HUEVO JAMON PLANCHA Y PATATAS — 500
10. ALBONDIGAS PATATAS Y HUEVO — 500
11. HAMBURGUESA PATATAS HUEVO Y ENSALADA — 00
12. CROQUETAS PATATAS Y HUEVO — 400
13. PEZ ESPADA Y ENSALADA — 600
14. MERLUZA FRITA O PLANCHA — 600
15. CONEJO EN ADOBO — 600
16. CODORNICES CON PATATAS — 500
17. CHULETA PATATAS Y ENSALADA — 550
18. RACION JAMON TREVELEZ O QUESO AÑEJO — 600

6 Habla

4 Your Spanish friend is treating you to a meal in a restaurant. Here are the menus from two restaurants.

Discuss with your partner the menus, prices etc, and try to agree on the restaurant that you would both like to go to.

5 Your class has been asked to send a cassette to a Spanish school, telling them about food in Britain. Prepare your talk and record it on cassette.

You could say something about the following:

- lo que comen los británicos en general
- los platos más conocidos
- lo que tú comes en un día normal
- lo que se come en ocasiones especiales (Navidades, cumpleaños etc)
- las horas de las comidas
- tu comida favorita
- las cosas que no te gustan.

6 When you have recorded your talk, work in pairs and compare what you each said for task 5. Discuss, in Spanish, what you have in common as regards likes/dislikes about food.

7 *¿Qué piensas de los vegetarianos?*
Work with a partner and discuss the pros and cons of being a vegetarian. Here are some questions to help you:

¿Eres vegetariano/a?

¿Qué piensas de la gente que no come carne?

¿Qué razones para ser vegetariano te parecen más importantes?:

- Porque no está bien matar animales para comer
- Porque no comer carne es más sano
- Porque no te gusta la carne
- Por razones ecológicas

¿Es difícil encontrar restaurantes vegetarianos donde vives?

Restaurante La Chapela

Menú del día
750 pts

Sopa de cocido
Guisantes con jamón

———

Chuleta de cerdo
Merluza a la Romana

———

Pan, vino, fruta

Bar - Restaurante Manolo

Menú del día
900 pts

Espárragos con mayonesa
Gazpacho
Ensalada mixta

• • • • • • •

Paella
Cordero asado
Pollo al ajillo

• • • • • • •

Flan
Tarta al whisky
Helados variados

Pan, vino, cerveza, café

6 Lee

1 Here are descriptions of three people and the sort of food they eat. Choose a restaurant for each of them by looking at the menus below.

Luis García Le encanta el cordero asado y los platos fuertes, pero no puede comer esas cosas porque está un poco gordo y está a régimen. Ahora sólo puede comer carne y pescado a la plancha, verduras y ensaladas.

Elena Ruiz Es vegetariana. Por supuesto, no come carne ni pescado. Le encantan los postres dulces.

Luisa Izábal Le gusta comer de todo, pero prefiere el pescado y el marisco. No es golosa; no le gustan los dulces y para postre prefiere fruta.

2 Your Spanish penfriend is coming to stay and your mother wants to know what kind of food to cook. Here is an extract from one of your friend's letters, saying what his likes and dislikes are. Check them against this list of things that your mother often makes. Put ticks or crosses beside the items to show whether your friend will like them or not.

Family Favourites
- Vegetable soup
- Steak and kidney pie
- Lasagne
- Spaghetti Bolognese
- Shepherd's pie
- Roast chicken
- Beefburgers
- Salads
- Peas
- Chips
- Apple pie
- Fruit salad
- Fried fish
- Fish fingers

Bueno, de comer me gusta casi todo. Me encanta la pasta y el arroz, pero no me gusta el pescado. La carne me gusta casi toda, aunque prefiero filetes y hamburguesas con patatas fritas (¡claro!). El pollo es lo que no me gusta mucho. Las verduras no me gustan nada, y odio las sopas, porque casi siempre tienen verduras. La fruta y los dulces me encantan.

6 Lee

Salsa: Bate el aceite con el zumo de limón, la mostaza y el azúcar, sazónalo con sal y pimienta.

Preparación: *20 minutos*

Ensalada de fruta

INGREDIENTES

2 cebollas, 2 naranjas, 2 rodajas de piña, 1 pimiento verde, 12 aceitunas negras, 4 cucharadas de aceite, 3 cucharadas de zumo de limón, 1/2 cucharada de azúcar, sal, pimienta, mostaza.

PREPARACION

Mézclalo todo, alíñalo con la salsa y déjalo en el refrigerador hasta el momento de servirlo.

Corta las cebollas y las naranjas en rodajas finas, el pimiento en tiritas y la piña en trocitos; deshuesa las aceitunas.

3 You find this recipe in a Spanish magazine, but the instructions are all mixed up. Put them in the right order.

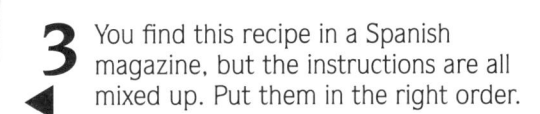

4 Some Spanish teenagers give their opinion about food

1 Julia

A mí me encantan las hamburguesas, las patatas fritas y todo tipo de comida rápida, como las pizzas, el pollo frito y todo eso. Los restaurantes que más me gustan son las pizzerías y los burgers, porque hay muy buen ambiente, siempre están llenos de gente joven y siempre que puedo voy con mis amigos, nos lo pasamos guay.

2 Javier

Mi comidad favorita es la comida china, me parece maravillosa, porque hay una variedad de platos increíble, y además me gusta mucho el arroz. En general, me gusta mucho la comida de otros países, y siempre que viajo al extranjero me encanta probar todo tipo de platos nuevos.

3 Isabel

Para mí, como la comida española no hay otra. He estado en muchos países, y no me gusta nunca lo que te dan de comer. Me encanta la paella, el marisco, las tapas, eso no se encuentra en ningún otro país. A veces voy con mis amigos a una pizzería o un burger, pero ese tipo de comida no me hace ninguna gracia, es todo como sintético. Donde esté una buena tortilla de patatas, que se quite todo lo demás.

Who do you agree with? Make a note in Spanish of the statements you agree with and the ones you don't agree with, explaining why.

5 Your friend is thinking of going on a diet. You find these tips on dieting in a Spanish magazine. Make a note in English of the advice given about the following, in order to tell your friend.
(a) bread
(b) oil
(c) drinks
(d) green vegetables
(e) salt.

MUY IMPORTANTE

— Consumir no más de 60 gramos de pan en cada comida. Mejor integral.
— El aceite se limita a 20 gramos al día, y es preferible utilizarlo crudo, como condimento.
— Beber agua y tisanas tanta como se desee, mejor entre horas y limitando la de las comidas. Prohibido el vino y otros alcoholes.
— La verdura puede ser consumida cruda o cocida, teniendo cuidado de no sazonarla demasiado. También puede —y debe— comerse al inicio de las comidas.
— Reducir al máximo el consumo de sal. Cuando se use, utilizar preferentemente sal marina o integral.

6 Escribe

1 You have just arrived in Spain and your penfriend's mother wants to make sure that you'll enjoy her cooking. She asks you to write down the things you like and dislike. List things in Spanish under these headings:

Me encanta(n)	Me gusta(n)	No me gusta(n)	No me gusta(n) nada

2 Your Spanish penfriend is staying with you. You have to go out but he/she is coming home for lunch. Leave a message for your friend in Spanish, saying what he/she can have for lunch.

This is what there is. ▶

3 Your Spanish penfriend has sent you this recipe for Spanish omelette.

Write *your* favourite recipe, in Spanish, to send to your penfriend. The terms used in this recipe should help you.

6 Escribe

Tortilla de patatas

Ingredientes

4 patatas medianas
2 cebollas
5 huevos
aceite de oliva
sal

Pelar las patatas y las cebollas.
Cortarlas en rajas muy finas.
Freir las patatas y las cebollas en bastante aceite de oliva, hasta que estén blandas.
Batir los huevos.
Sacar las patatas y cebollas de la sartén y mezclarlas con los huevos.
Poner muy poco aceite en la sartén y echar la mezcla de patatas, cebolla y huevos.
Cuando la tortilla esté hecha por un lado, poner un plato encima de la sartén y dar la vuelta rápidamente.
Echar un poco de aceite en la sartén y luego echar la tortilla para hacerla por el otro lado.
Se puede comer fría o caliente.

4 You have been asked to write an article for your school magazine on the subject of Spanish food. Write your article in Spanish, so that your penfriend can comment on it before it is printed.

5 Write a short article in Spanish to be included in your Spanish correspondent's school magazine, describing meals in your school and suggesting ways in which they could be improved.

7 Escucha — Vivienda y alojamiento

1 Identify the features of the flat advertised.

1 El piso está en una zona:
   (a) residencial con jardin
   (b) céntrica
   (c) tranquila.

2 El edificio tiene:
   (a) portero
   (b) entrada de servicio
   (c) ascensor.

3 El piso tiene:
   (a) tres dormitorios
   (b) un cuarto de baño
   (c) una cocina con terraza.

4 Las facilidades de aparcamiento son:
   (a) Hay un aparcamiento cerca del edificio
   (b) Hay un garaje en el sótano
   (c) Hay un garaje cerca del edificio.

2 Copy the grid and listen twice to the descriptions of the three hotels. Tick the facilities offered by each of the three hotels.

Hotel	🛏🛁	🛏🍸	🛏♟	🛏📺	🍽	⛰	🚗P
Los Arcos							
Jaime I							
Casablanca							

3 You are staying on a campsite in Spain with your parents. You hear an announcement, which is repeated. Make a note, in English, of the information which would be of interest to them and to you.

7 Escucha

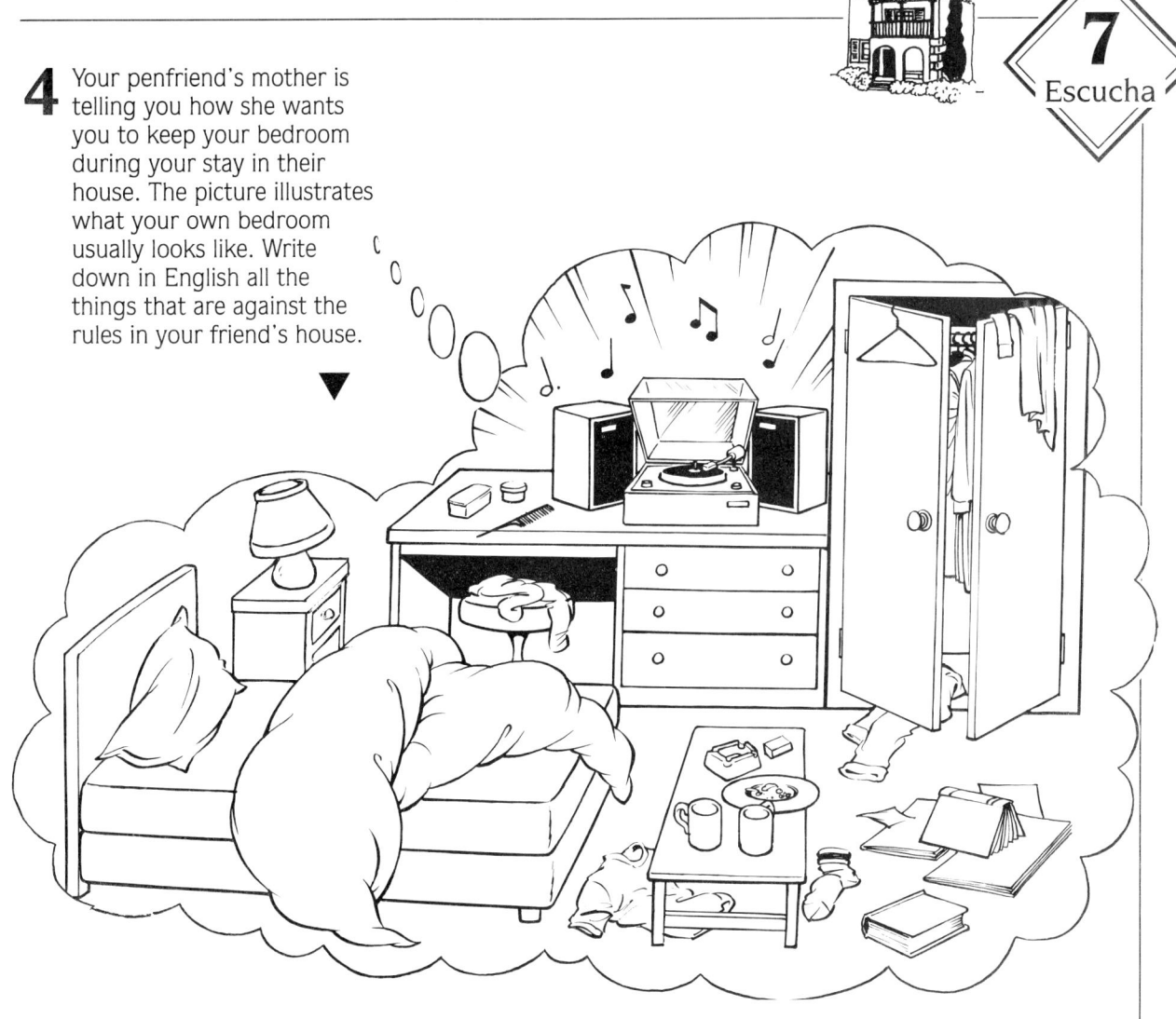

4 Your penfriend's mother is telling you how she wants you to keep your bedroom during your stay in their house. The picture illustrates what your own bedroom usually looks like. Write down in English all the things that are against the rules in your friend's house.

5 A woman arrives at a hotel to find that her room has not been booked. Listen to the conversation between the woman and the hotel receptionist, and say whether the following statements are true or false.

1. La recepcionista le ofrece una habitación para dos que es más cara.
2. La mujer prefiere una ducha.
3. Hay televisión en la habitación.
4. El hotel le dará una habitación individual cuanto antes.

6 A couple are discussing where to stay during their holidays. Note down in Spanish the advantages and disadvantages of each of the two types of accommodation which they mention.

	Camping	Hotel
Hombre		
Mujer		

7 Habla

1 Working with a partner, take turns in playing the roles of a hotel receptionist and a customer who wants a room in the hotel. (If you wish, use the symbols given for task 2 on page 58 for some ideas.)

HOTEL LOS MOLINOS ★★★★

Ramón Muntaner, 60. Figueretas (Ibiza). Tel. 30 22 50.

Situado en la Playa de Figueretas, frente al mar y a 1 kilómetro de la Plaza de Vara del Rey, centro de la ciudad. Habitaciones con baño completo, teléfono y terraza.

Dispone de habitaciones con vista al mar y vista a la calle. Completa sus instalaciones con piscina en el mismo borde del mar, espléndidos jardines, 2 bares, restaurante, salón de TV, sala de convenciones etcétera.

La media pensión consiste en desayuno y cena.

Nota: El hotel permanecerá cerrado del 1/11/88 al 25/12/88.

H. LOS MOLINOS

2 Work in pairs. One of you will play the part of a customer at a travel agent's, asking about the facilities of the *Hotel Los Molinos* in Ibiza. You want to know:

– where the hotel is

– whether all the rooms have a bath

– if there is a swimming pool

– what other facilities it offers

– what the half board consists of.

The other will play the part of the travel agent, who answers the questions using this information from a brochure. Then exchange roles.

3 Your family wants to rent an apartment in Alicante for two weeks in September. You have to phone up to find out whether an apartment advertised is suitable or not.

Work in pairs, one person playing the owner's agent, who answers the questions with the help of this extract. Then exchange roles.

Alicante Apartamento
Tel 4300451

ALICANTE. Alquilo apartamento en Playa de San Juan. TV color, 2 dormitorios, comedor salón, cocina, baño y terraza. Bien comunicado. Zona comunal propia. Próximo playa. No julio ni agosto.

You want to know:

– how many bedrooms there are

– if it is near the beach

– if it has a balcony

– if there is a swimming pool

– if it is available in September.

7 Habla

4 Your parents have asked you to phone the *Hotel Residencia Las Palmeras* in Javea, to book the family's summer holiday. When you phone, you are asked to leave a message on their answering machine.

This is what you have to say:

- You want to book a double room and two singles, all with bath/shower.
- The booking is for three weeks, starting the 25th July.
- Your parents will be sending a 10% deposit.
- You would like the hotel to write back, confirming the booking (don't forget to give your address).
- You are travelling by plane to Alicante, so you would be grateful if they could send you a timetable of buses from Alicante to Javea.

5 Your Spanish exchange partner is coming to stay with you and you would like to suggest a trip for a few days. Phone your friend and discuss:

- adónde ir
- cómo viajar
- ir de camping, o a un albergue juvenil
- cuánto tiempo.

6 Choose one of the photos below and imagine you spent a holiday there. Tell your partner about the holiday, saying whether you enjoyed it, what you thought of the place and why.

7 Lee

1 Your grandparents want to rent a place in Spain next summer. You find this advert in a Spanish magazine. Make a note of the information in order to tell them. They would like to know in particular:

1 Where it is.
2 What accommodation it offers.
3 How well equipped the kitchen is.
4 Whether they would need to take any linen with them.
5 Whether it has any special features.
6 How much it costs.

SE ALQUILA

Chalet, Guadarrama. 4 dormitorios, 2 cuartos de baño, salón comedor con chimenea, cocina con nevera, lavaplatos y lavadora. Piscina, vista panorámica sierra de Guadarrama. Totalmente amueblado, ropa de cama y baño. Temporada 100.000 ptas. (julio y agosto). Por mes 70.000.
Razón Sres Rueda. 223 86 30 (a partir de 6 tarde).

---

2 Your uncle and aunt are thinking of buying a flat in Spain. They want the flat to have:

– 3 bedrooms
– garage
– entryphone
– fitted wardrobes

1 Which of the features they want are offered in the flats advertised?
2 Do these flats have any other advantages?
3 Where and when can they get more information?

VIVIENDAS DE RENTA LIBRE EN PASEO DE MIRAMAR

CONJUNTO RESIDENCIAL

CASTILLO DEL MIRAMAR

Carril de Santa Catalina-Paseo Miramar

¡ÚLTIMOS PISOS!

- Con 3 y 4 dormitorios y 2 cuartos de baño.
- Garaje y trastero incluidos en el precio.
- Piscina y jardines.
- Puertas blindadas.
- Portero automático.
- Armarios empotrados.
- Suelos de mármol.
- Antena parabólica T.V.
- Gas ciudad.

Información:
En el propio conjunto incluso festivos por la mañana
Telfs. 217633 - 213447

---

3 Read Sr Lancha's hotel bill opposite on page 63, and say whether the following statements are true or false.

1 El Señor pasó dos noches en el hotel.
2 El primer día, tomó desayuno.
3 No llamó a nadie por teléfono.
4 Tuvo que pagar un impuesto.

4 Some relatives are going to Spain, and will be staying in an apartment. They have received some information about the apartment, but they are not sure that they have understood the Spanish. This is what they think it says, but are they right or wrong? If they are wrong, tell them what it really says.

1. The cleaning of the apartment is included in the price.
2. Towels and bed linen are not provided.
3. They can't go out after 10pm.
4. They will get their deposit back.

Si va usted a un APARTAMENTO

— Le entregarán el apartamento limpio, y debe dejarlo de igual manera. Durante la estancia, no hay limpieza incluida en el precio (salvo indicación).
— Los apartamentos sólo deben ocuparse por el número previsto de personas, estando equipados en menaje de cocina para dicho número de plazas. En general, la ropa de cama y baño no está incluida, salvo que se indique lo contrario.
— El horario normal de entrada en apartamentos son las 18 horas, y la salida no más tarde de las 10 horas (salvo indicación al respecto).
— La fianza por apartamento es generalmente obligatoria, devolviéndose la misma a la salida, una vez comprobado que el apartamento está en perfectas condiciones.

Hotel PARIS
Calle San Antonio, s/n.
Teléfono 43 70 56
37624 LA ALBERCA
(Salamanca)

H

GREGORIO LORENZO
N.I.F.: 8.068.879-L

0382

Habitación núm. _106_

Sr. D. _Laucha Casahuena_

16 Julio 1988

	Día 15	Día 16	Día	Día	Día	Día	Día	TOTALES
	Pesetas	Pesetas	Pesetas	Pesetas	Pesetas	Pesetas	Pesetas	Pesetas
Habitación	3200							3200
Desayuno		650						650
Servicio teléfono								
Servicio de Restaurante	3300							3300
Servicio Cafetería								
TOTALES								7150

I.V.A. 6% 429
Total a abonar por el cliente ... 7579

7699

PRECIOS APLICADOS DE ACUERDO CON LA LEGISLACION VIGENTE

7 Lee

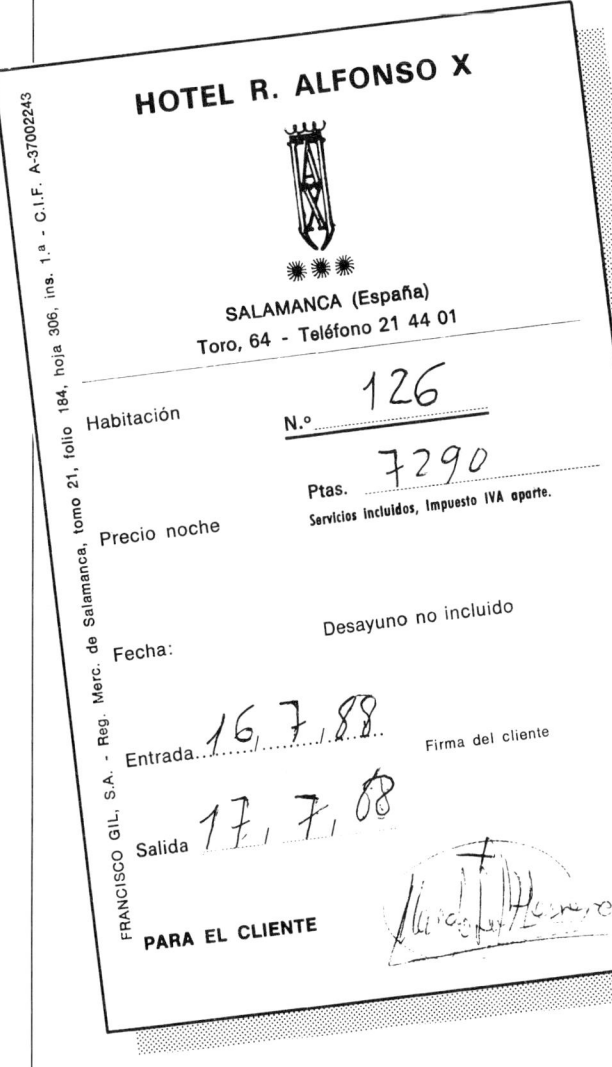

5 You are staying at the *Hotel R. Alfonso X* with your family. Your parents want to know the following:

1. Does the price include service, taxes etc?
2. When is breakfast served? Is it included in the price?
3. What should you do with your room key when you are out?
4. Where can you leave valuables?
5. What do you have to do if you need to ask for something at night?
6. What special services does the hotel offer?

HOTEL R. ALFONSO X

SALAMANCA (España)
Toro, 64 - Teléfono 21 44 01

Habitación N.º **126**

Precio noche Ptas. **7290**
Servicios incluidos, Impuesto IVA aparte.

Desayuno no incluido

Fecha:

Entrada **16.7.88** Firma del cliente

Salida **17.7.88**

PARA EL CLIENTE

FRANCISCO GIL, S.A. - Reg. Merc. de Salamanca, tomo 21, folio 184, hoja 306, ins. 1.ª - C.I.F. A-37002243

- No olvide dejar siempre cerrada la habitación y entregar la llave al conserje al salir.

- Esta Dirección no se hace cargo de objetos que no sean entregados a su custodia.

- No olvide Vd. su pasaporte.

- Desayunos a partir 7,30 mañana. Fruta, té, café o chocolate.

- Bar americano.

- Si el cliente se aloja en habitación doble uso individual, la primera noche pagará el 80% del precio de habitación. Si al día siguiente no quiere cambiar a una individual, abonará el 100 por 100 de su precio doble.

- Las habitaciones con salón, apartamentos de tres personas, pagarán lo mismo por una, dos o tres personas, el importe total autorizado. Queda suprimido el Descuento del 20% de los clientes que su estancia sea mayor a dos meses.

- La jornada hotelera terminará a las doce horas. El cliente que no abone a dicha hora la habitación que ocupe, se entenderá que prolonga su estancia un día más, pero si al cliente le ha sido notificado el día de su salida en la presente cartulina, queda obligado también a desalojar la habitación a las 12 horas.

- El precio de la habitación se contará por jornadas o noches.

- Los clientes que no traigan equipaje, pagarán diariamente a su llegada, y si prolongan su estancia más de una noche, lo efectuarán el pago todos los días.

- El Hotel posee servicio de peluquerías.

- A partir de las once de la noche utilice usted el teléfono para pedir cualquier servicio.

Gracias

6 You have read about this *parador* and you would like to stay there during your trip to Spain this summer. Write to your Spanish penfriend and try to persuade him/her by mentioning all the advantages of the *parador*.

Parador nacional
«Enrique II»
CIUDAD RODRIGO (Salamanca)

**PARADOR NACIONAL
«ENRIQUE II»**

CIUDAD RODRIGO (Salamanca).
Dirección postal: **Plaza del Castillo, n.º 1.**
Dirección telegráfica: PARAL.
Teléfono: 923/46 01 50.
Categoría: TRES estrellas.
Capacidad: 44 plazas, 16 habitaciones dobles y 12 individuales.

Realización • Servicio de Actividades Promocionales. A. T. E.
Impreso por: Mateu Cromo, S. A. Pinto (Madrid)

SECRETARIA DE ESTADO DE TURISMO
DIRECCION GENERAL DE EMPRESAS Y ACTIVIDADES TURISTICAS

Ejemplar gratuito. Venta prohibida. Depósito Legal: M. 15.792-1981

El Castillo-Alcázar de Enrique II de Trastamara fue edificado en el año mil cuatrocientos diez por el ingeniero Lope Arias para su rey. Aquí se encuentra el Parador Nacional, que cuenta con 16 habitaciones dobles y 12 individuales.

El Parador cuenta también con los servicios de cambio de moneda, jardín, calefacción central, aire acondicionado en los salones y comedor, y teléfono y TV en todas las habitaciones. Está clasificado como hotel de tres estrellas.

El Castillo conserva el estilo de la época en que fue construido y los muebles y la decoración del Parador reflejan este estilo.

El Parador se encuentra en la localidad de Ciudad Rodrigo, ciudad amurallada, declarada monumento histórico-artístico. El Parador se halla en el centro de la ciudad, a orillas del río Agueda y sobre una elevada colina. Desde el comedor se disfruta de una vista fantástica sobre el río Agueda, la histórica ciudad y el maravilloso paisaje que se pierde en la lejanía.

7 Escribe

1 Your Spanish penfriend is coming to stay with you. Write a few sentences in Spanish to describe your house to him/her.

2 You are going to Spain on a school trip. You have to fill in a questionnaire, stating your preferences for accommodation. Write down your responses to (a) to (f) in Spanish.

(a) Nombre..
(b) Edad.................. Sexo..................... Nacionalidad........................
(c) Prefiere alojamiento: (*ver nota 1*)
    ....
    ....
(d) Pensión (*ver nota 2*)
    ....
(e) Fechas
    del...............de........................al ....de........................
(f) Firma..Fecha....................................

Nota 1; especificar: habitación individual/ a compartir, en hotel, residencia de estudiantes, albergue juvenil.
Nota 2; especificar: pensión completa, pensión media, solo desayuno.

3 Imagine you are staying in this hotel in Spain. Write a postcard to your Spanish friend describing it.

OFERTA

HOTEL MELIA PUERTO DE LA CRUZ **

Avda. Marqués de Villanueva Prado, s/n. Puerto de la Cruz. Tel. 38 40 11.

El hotel Meliá Puerto de la Cruz es un edificio ambientado en estilo colonial canario, rodeado de amplios jardines tropicales y situado en una zona residencial, a 500 m. del centro.

Todas las habitaciones están enmoquetadas y disponen de baño completo, teléfono, música ambiental, caja fuerte (con cargo adicional) y terraza con vistas al mar o al Valle de la Orotava.

Completa sus instalaciones con dos bares, dos piscinas (una climatizada), pista de tenis, peluquería, salón de TV y juego, sala de conferencias y tiendas. Totalmente climatizado. Piscina y parque infantil. Programa de entretenimiento.

Desayuno tipo buffet. Para el almuerzo y cena pueden elegir entre buffet o servicio de mesa.

El hotel ofrece a los novios una botella de cava.

7 Escribe

4 Your parents receive this letter from the *Hotel Residencia Donosti*, in reply to their request for a booking next July. Write a letter back in Spanish, about 100 words long, saying the following:

- Your family does want to book for the last two weeks in June.
- You want a double and a single room, both with bath.
- You'll be having breakfast and evening meals at the hotel.
- You'd like them to send you a programme of the Film Festival.

5 Your aunt is going to let her house to a Spanish family for the summer. She asks you to write a letter in Spanish to the family, telling them what her house is like. She wants you to mention the following:

- The house is in the country, 2km away from the village.
- There are buses to the village every 30 minutes. The buses also go to the nearest town, which is 10km away.
- The house has a living room, a dining room, 3 bedrooms, a bathroom, and a modern kitchen with all appliances (including freezer, dishwasher, washing machine and a microwave oven).
- There is no television but it is possible to rent one for the summer.
- There is a garage.
- There is a large garden and beautiful country around the house.

Hotel Residencia Donosti
Avenida Los Alamos s/n
San Sebastián

13 abril

Muy Sr. mío:

En respuesta a su atenta carta del 12 del corriente, lamento informarle que no nos es posible proporcionarle alojamiento para las fechas del mes de julio que solicita.

Debido al Campeonato de Pelota Vasca que tendrá lugar en nuestra ciudad durante esas fechas, todas nuestras habitaciones están ya reservadas.

Sin embargo, me permito sugerirle, si es posible para usted cambiar la fecha de sus vacaciones, que visiten nuestra ciudad a finales del mes de junio.

Durante el mes de junio tiene lugar en nuestra localidad el famoso Festival de Cine de San Sebastián. Si usted y su familia son aficionados al cine, tendrán oportunidad de asistir a muchas películas, además de otros espectáculos y actividades que tienen lugar al mismo tiempo que el festival.

Si decide usted venir para esas fechas, le aconsejo que nos comunique sus intenciones cuanto antes, para poder asegurarle la reserva.

En espera de sus noticias, le saluda atentamente

Juan Ignacio Goicoechea
Director

8 Escucha — *Servicios públicos*

1 You telephone to find out about transport to the airport, and hear a recorded message twice. Make a note in Spanish of:

- times of buses
- how long it takes to get to the airport.

2 Your parents want to know how to phone Britain. You get a recorded message, which you hear twice. Write down in English what they have to do.

3 You are staying with your family in a Spanish hotel. They have asked you to find out about the following:

1 What to do about washing clothes.

2 What to do about making phone calls.

3 Whether you can have drinks sent up to the room.

4 Whether you can have breakfast in bed.

Listen to the hotel announcements, which are given twice, and write down in English the information that the family needs.

8 Escucha

4 A man is at the Tourist Office asking for some information. Make a note in Spanish of the information given by the Tourist Office employee about the following:

1. hoteles
2. bancos
3. sitios de interés
4. horario de museos
5. reserva de entradas para el teatro.

5 A girl wants to hire a car. Listen to the recording and make a note of the following in Spanish:

1. Para cuánto tiempo quiere el coche.
2. Precios:
   (a) Citroën BX
   (b) Seat Ibiza.
3. Qué coche elige y por qué.
4. Lo que incluye el precio:
   (a) kilometraje
   (b) seguros
   (c) impuestos.
5. Cuando tiene que devolver el coche.

6 Two people are talking about the service offered by the *Farmacias de Guardia*. Listen to their conversation and note in Spanish the following information:

1. Horario de las farmacias de guardia.
2. Donde se puede saber qué farmacias están de guardia cada día.
3. Qué hay que hacer si necesitas una farmacia por la noche.

8 Habla

1 En el estanco

Working in pairs, take turns to play each part.

SHOP ASSISTANT	CUSTOMER
¿En qué puedo servirle?	Say you want to buy these two postcards.
Muy bien, las postales cuestan cincuenta y cinco pesetas cada una.	Ask for two stamps for the postcards.
¿Para España o para el extranjero?	Say that they are for Britain.
Aquí tiene, dos sellos de cuarenta y cinco pesetas.	Ask how much it is altogether.
Pues, noventa de los sellos y ciento diez de las postales, doscientas pesetas en total.	Pay and say goodbye.

2

Work in pairs. Take turns in asking each other for the telephone numbers of the services listed here.

A
- radio-controlled taxis
- information about passports
- bus information

Here is an example:

– ¿Cuál es el teléfono para llamar a una ambulancia?

B
- information about train tickets
- telephone alarm call
- information about sports

– Es el dos cincuenta y dos, cuarenta y tres, noventa y cuatro.

```
Ambulancias              252 43 94
Autobuses interurbanos   468 42 00

Deportes información     464 31 61
Despertador automatico   096

Pasaportes información   222 04 35

Radio- taxi              247 82 00
RENFE                    4577 32 41
```

3

You are flying back to Britain tomorrow, so you phone the airline company to confirm that your flight is leaving as scheduled. Work in pairs, one of you playing the part of the airline attendant. Then exchange roles.

PASSENGER
Ask the attendant whether the flight is leaving according to the details on your ticket.

FLIGHT IB 211 GERONA-LONDON
departs 09.30 a.m.
Passengers should be at the airport
one hour before departure

AIRLINE ATTENDANT
Answer the passenger's questions based on the latest information

Flight IB 211 will leave on schedule at 09.30 a.m.

Passengers should check in one and a half hours in advance.

8 Habla

4 Work in pairs, taking turns to play each part.

CUSTOMER	CAR-HIRE ASSISTANT
You want to hire a car for a week.	Ask what kind of car.
You would like a Ford Fiesta. Ask about:	Answer the customer's questions using the information in the leaflet. ▶
– special deals	
– prices	
– whether there is a charge for mileage	
– whether the price includes VAT, insurance etc.	
– when you can pick up the car.	

5 You are working in a tourist information office in Spain. Give information to some Spanish customers about:

– minimum services/facilities in campsites

– what to do about complaints

– prices.

You will find the information in the leaflet. ▼

SEMANA COMERCIAL TRIP
negocios sin límites

Al comienzo de una semana, normalmente surge la posibilidad de alquilar un coche para llevar a cabo sus negocios.

En **AUTO TRIP** no queremos distraerle de sus objetivos, por eso le ofrecemos el complemento que mejor le pueda ayudar: nuestra semana **comercial trip**.

GRUPO	MODELOS	COMERCIAL TRIP
A	OPEL CORSA CITY	21.300
B	FORD FIESTA TRIP / RENAULT SUPER CINCO	22.900
C	SEAT IBIZA 1.2 / OPEL CORSA SWING 1.2	24.800
D	FORD ESCORT 1.3	31.300
E	OPEL KADET 1.3 / FORD ORION 1.4	39.600
F	CITROËN BX TRS A/C	47.800

- La tarifa COMERCIAL TRIP va del lunes 09.00 horas a viernes 19.00 horas.
- Kilometraje sin límites.
- Seguros, gasolina e I.V.A. no incluidos.

Guía de Campings

En la presente guía figuran los campings de Cataluña con la información básica, así como su situación, en el mapa de la última página. Este mapa está dividido en seis zonas, en cada una de las cuales, y por orden alfabético, figuran las poblaciones donde existe algún camping.

Categorías
Los campings se encuentran clasificados según las categorías siguientes:
L. (Lujo), 1.ª, 2.ª y 3.ª.

Instalaciones y Servicios Mínimos
Todos los campings disponen de las siguientes instalaciones y servicios mínimos: Agua potable, lavabos, duchas, WC, lavaderos, fregaderos, luz eléctrica, recogida diaria de basuras, cercado de los límites, vigilancia nocturna y diurna, asistencia médica, botiquín, custodia de valores y extintores de incendios.

Reclamaciones
Todos los campings tienen a disposición del cliente las Hojas Oficiales de Reclamación.

Reglamento de Régimen Interior
En la recepción del camping se encuentra expuesto el Reglamento de Régimen Interior debidamente visado por la Direcció General de Turisme de la Generalitat de Catalunya, donde se indican los derechos y deberes de los clientes.

Precios
Los precios de todos los servicios que ofrece el camping se encuentran expuestos en la recepción del establecimiento, en una lista oficial visada por la Direcció General de Turisme de la Generalitat de Catalunya.
Los campings están obligados a entregar un comprobante de todos los importes cobrados al cliente.
Los precios de los diferentes conceptos se aplican por día de estancia, acabando la última jornada a las 12 horas.
Los precios orientativos para la temporada calculados para dos personas, una tienda o caravana y un vehículo, por día de estancia y de acuerdo con la categoría del camping, oscilan entre las siguientes cantidades:
L. de 1.500 Pts. a 1.600 Pts.
por persona adicional:
de 350 Pts. a 370 Pts.

1.ª de 860 Pts. a 1.500 Pts.
por persona adicional:
de 200 Pts. a 325 Pts.

2.ª de 740 Pts. a 1.300 Pts.
por persona adicional:
de 185 Pts. a 310 Pts.

3.ª de 600 Pts. a 1.000 Pts.
por persona adicional:
de 150 Pts. a 235 Pts.

La mayoría de los campings aplican reducciones de precios fuera de la temporada alta (junio, julio, agosto). Los niños menores de 10 años disponen de precios reducidos.

6 Read the text 'Descubre Madrid con nosotros' on page 74 and discuss with a partner:

– Si existe algo similar en tu ciudad

– Si te gustaría participar en este tipo de proyecto, y por qué/por qué no.

– Lo que piensas del servicio, y por qué (buena o mala idea, ventajas, desventajas).

8 Lee

1 Match each heading to the description of the service.

5
Estación de ferrocarril de Atocha.
Estación de ferrocarril de Chamartín.
Estación Sur de Autobuses, Canarias, 17.
Terminal bus Aeropuerto-Colón, plaza de Colón (subterráneo).

7
Ambulancias. Teléfono: 252 43 94.
Centro Quemados Cruz Roja. Teléfono: 243 22 19.
Instituto Nacional de Cardiología. Teléfono: 241 94 69.
Servicio Central de Urgencias Médicas. Teléfono: 261 61 99.
Urgencias Médicas Seguridad Social

2
Estación Sur de Autobuses de Madrid. Canarias, 17.
Teléfono: 468 42 00.

6
Información: Servicio de Protocolo del Ministerio de Asuntos Exteriores.
Teléfono: 266 52 79.

4
Red Nacional de los Ferrocarriles Españoles (RENFE). Central
Teléfono: 457 32 41

3
Información. Teléfono: 464 31 61.
Instalaciones. Teléfono: 464 90 08.

8
Noticiario de Radio Nacional de España. Teléfono: 095.
Información Deportiva. Tel. 097.
Servicio Mensafónico. Tel. 221 92 10.
Despertador Automático. Tel. 096.
Mensajes a barcos en alta mar. Teléfono: 22 11 41.

1
Información sobre establecimientos hoteleros y campings, puede obtenerse en las Oficinas de Turismo y en librerías. Reservas, en agencias de viajes o:

a Deportes

b Ferrocarril

c CONSIGNAS DE EQUIPAJES

d Hoteles, apartamentos, pensiones y campings

e LLAMADAS URGENTES SERVICIOS MÉDICOS Y FARMACÉUTICOS

g Autobuses interurbanos

h EMBAJADAS Y CONSULADOS

f Otros teléfonos de interés

2 What does the *Buenas Noches* service offer? Read the leaflet and say whether these statements are true (*verdad*) or false (*mentira*).

1 Este servicio ofrece todo tipo de productos que te llevan a casa cuando las tiendas están cerradas.

2 Entre lo que ofrece el servicio hay:
   (a) medicinas
   (b) comida, comidas para animales
   (c) libros
   (d) bebidas y cigarrillos.

3 Hay que pagar 200 pts cada vez que se usa este servicio.

4 Sólo tardan 15 minutos en llevar las cosas a tu casa.

5 Para utilizar este servicio hay que ser socio.

BUENAS NOCHES

¿Qué se puede pedir? Prácticamente de todo: Productos de farmacia (medicamentos, alimentos infantiles, biberones, chupetes, etc.), tabacos, cenas, bocadillos, leche, refrescos, vinos, champán, licores, agua mineral, revistas, naipes, bombillas, pilas, enchufes, cables, fusibles, bolígrafos, folios, lapiceros, papel de carta, sobres, carretes de fotos, revelador, fijador, comidas de animales domésticos, artículos de afeitado, imperdibles, sacacorchos, etc.

¿Cuánto cuesta? Sin ningún recargo. Estrictamente a precio de mercado. Con el artículo que pida irá siempre una nota de entrega con el precio.

¿Cuánto tarda? Depende de la zona y el artículo, pero normalmente entre 15 y 40 minutos.

La cuota es de 200 pesetas mensuales, pagaderas por períodos anuales anticipados y a través de su BANCO o CAJA DE AHORROS.

En concepto de entrada se abonarán 200 ptas.

Si le interesa hacerse socio:

— Puede llamarnos a los teléfonos 4238600-4238609.
— Visitarnos o escribirnos enviándonos su nombre, dirección y distrito postal a:

BUENAS NOCHES, San Vicente, 3 - BILBAO-1

8 Lee

3 Read the text *Descubre Madrid con nosotros* and make a note in Spanish of the following points:
1 ¿Quién ha creado este servicio, y por qué?
2 ¿En qué consiste el servicio?
3 ¿Qué ventajas ofrece el servicio para los turistas?
4 ¿Cuándo funciona el servicio?
5 ¿Cómo se puede identificar a los informadores?

DESCUBRE MADRID CON NOSOTROS

El Ayuntamiento de Madrid, a través de su Patronato Municipal de Turismo, vuelve a poner en funcionamiento el servicio "DESCUBRE MADRID CON NOSOTROS" en un intento de acercamiento de la ciudad al visitante.

¿QUE ES "DESCUBRE MADRID CON NOSOTROS"?

Es un servicio de información y orientación turística en la calle. Parejas de jóvenes bien identificados y con amplios conocimientos de Madrid recorren la zona centro de la ciudad, facilitando, en varios idiomas, datos de interés histórico-artísticos, culturales y prácticos al visitante.

¿PARA QUE SE HA CREADO "DESCUBRE MADRID CON NOSOTROS"?

Para completar, ampliar y mejorar el conocimiento de la oferta y atractivos que Madrid encierra de una forma acogedora, directa y personal.

Si buscas un museo, un hotel o un restaurante, dirígete a ellos. Serán tu guía.

Vive Madrid con nosotros.

DURACION Y HORARIO

El servicio funcionará durante los meses de verano.

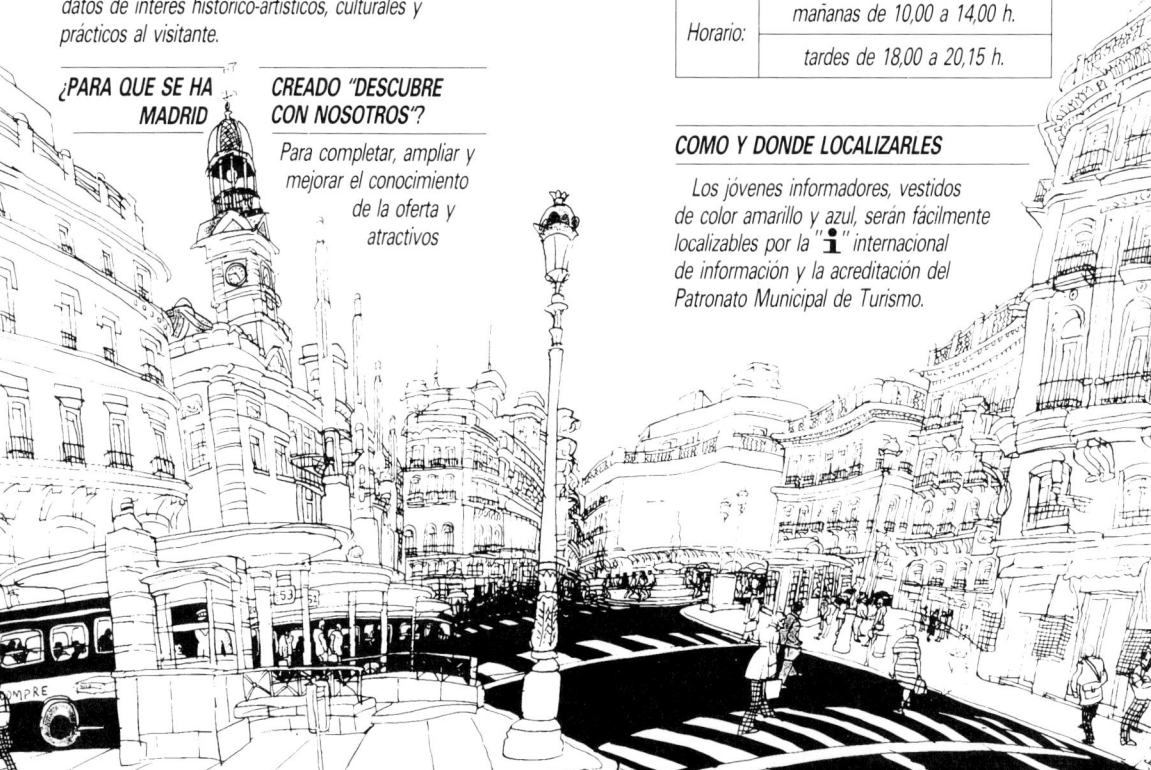

Horario:	mañanas de 10,00 a 14,00 h.
	tardes de 18,00 a 20,15 h.

COMO Y DONDE LOCALIZARLES

Los jóvenes informadores, vestidos de color amarillo y azul, serán fácilmente localizables por la "**i**" internacional de información y la acreditación del Patronato Municipal de Turismo.

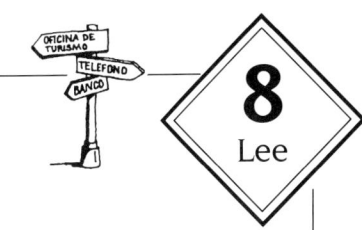

4 You have to write a project in Spanish comparing public libraries in Spain and in Britain. Read this leaflet and take notes under the following headings:

– Tipo de material que se encuentra en los bibliotecas

– Lo que se necesita para hacerse socio

– Otros servicios complementarios.

¿CONOCES LAS BIBLIOTECAS POPULARES DE MADRID?

Comunidad de Madrid

Madrid cuenta con una importante red de Bibliotecas Populares, de la Comunidad Autónoma, para ofrecer desinteresadamente a cualquiera que lo necesite una amplia variedad de libros de recreo, información o estudio: Diccionarios, enciclopedias, libros de consulta, novelas, obras de teatro, poesías…

Las obras clásicas, las últimas novedades editoriales, y una pequeña colección de los periódicos y las revistas más interesantes, todo esto está a tu disposición en las Bibliotecas Populares. ¿Lo sabías?

¿Por qué no te haces socio?

Si lo deseas, puedes hacerte socio y disfrutar además de otros servicios adicionales. Sólo necesitas:

- Entregar dos fotos.
- Presentar tu D.N.I.
- Rellenar la ficha de inscripción.
- Abonar una cuota anual de 200 pesetas en concepto de gastos de material.

En cualquier Biblioteca Popular puedes realizar los trámites. Ser socio te dará derecho a llevarte prestados a tu casa los libros de la Biblioteca, para tu mayor comodidad.

¿Conoces todos sus servicios?

Las bibliotecas ofrecen varios servicios complementarios:

Actividades Culturales: periódicamente se organizan conferencias, exposiciones, presentaciones de libros, ciclos de cineclub…

Bibliotecas Infantiles: Las Bibliotecas Populares tienen una sección especializada en obras informativas y recreativas para niños y jóvenes, historietas ilustradas, cuentos…

Bibliobuses: Seis autobuses acercan los libros a aquellos barrios que no tienen cerca una biblioteca. Si quieres conocer sus itinerarios y su funcionamiento, pregúntalo en este teléfono.

445 98 45

8 Escribe

1 You want to send a parcel home from Spain. The post office clerk gives you this form.

Copy the form and write down the required details in Spanish.

Nombre ————	Apellidos ————
Domicilio ————	Localidad ————
Destinatario ————	Dirección ————
Contenido ————	Valor ————
Firma ————	Fecha ————

2 Your family is exchanging houses with a Spanish family for the summer. Your parents ask you to leave a note in Spanish for the Spanish family, giving information about local services.

This is what you have to mention: ▶

> Buses into town: number 55, every 15 minutes
> Post Office opening hours: 9 a.m. to 5 p.m.
> Banks 9.30 a.m. to 3.30 p.m.
> Also open between 4.30 p.m and 5.30 p.m. on Thursdays.
> Tourist Office is in the High Street for information about places to see, things to do.

3 While staying in Málaga on holiday you decide to pay a quick visit to your penfriend who lives in Seville. Write a telegram in Spanish, warning him/her of your arrival. Include these details:

– arriving Seville Friday 10.15 p.m. at the bus station

– staying in Seville Saturday and Sunday

– leaving Seville on Monday morning.

Correos y Telégrafos

TELEGRAMA

Destinatario..................
Calle o plaza..................
Localidad.................. Provincia..................

Texto:

8 Escribe

4 Your parents would like to visit the famous wildlife reserve *El Coto de Doñana*, which is in the province of Huelva. Write a letter in Spanish to the Tourist Office in Huelva, asking for the following:

- information about accommodation near the reserve (hotels and campsites)
- details of tours to visit the reserve
- the best time of year to visit it
- the name of the nearest airport, and how to get from the airport to the *Coto*
- a brochure of the area and other places of interest in the province.

PARQUE NACIONAL DE DOÑANA

5 You have been asked by your Spanish teacher to write an information sheet in Spanish about services in your area, to give to the Spanish pupils who are arriving next week as part of the school exchange.

You have to mention the following:

Banks Which ones are near the school. Opening times. What to do to change foreign currency (they'll need their passports).

Post Offices Opening times. Location. How much it costs to send a letter to Spain.

Telephones Public phones. Where to find them. How they work. Cheapest times to phone (between 8 p.m. and 8 a.m. and at weekends).

Other services Libraries, swimming pools, sports centres etc. Opening times. Location. Prices.

9 Escucha — El ocio

1 Listen twice to the radio advert and then give the following information in Spanish.
1. Lugar
2. Acontecimiento
3. Horario.

2 While staying in Madrid you hear on the radio what is on this week. Make a note in Spanish of the information, which is repeated on the recording. ▶

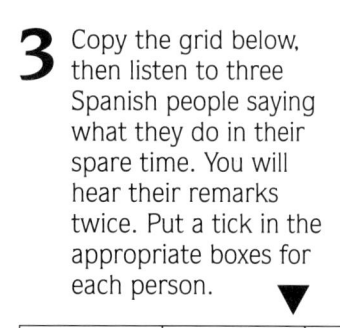

	Section 1	Section 2	Section 3
Qué			
Dónde			
Cuándo			
Precio			

3 Copy the grid below, then listen to three Spanish people saying what they do in their spare time. You will hear their remarks twice. Put a tick in the appropriate boxes for each person. ▼

	Música	Discotecas	TV	Cine	Salir con amigos	Leer	Deportes
Section 1							
Section 2							
Section 3							

9 Escucha

4 You are staying in Spain with your Spanish penfriend. One evening you all want to watch some television. Your friend is reading out the programmes that are on, and he and his parents are saying which ones they like and dislike.

First listen to their conversation and make a note of what is on television.

Then listen to the recording again and jot down in Spanish a viewing timetable for the evening, taking into account everybody's preferences.

5 You see these two films advertised by the local video library. Your Spanish friend has seen one of them, and she tells you what it is about.

Decide which of the two films she is talking about, then write down, in Spanish, some of the details your friend tells you about the film that are *not* mentioned in the advert.

6 Your Spanish friend Marisa and another friend, Pedro, are discussing what to do for your last day in Madrid. Listen to their conversation and write down (in Spanish) which of their plans you like best, Marisa's or Pedro's, giving reasons for your choice.

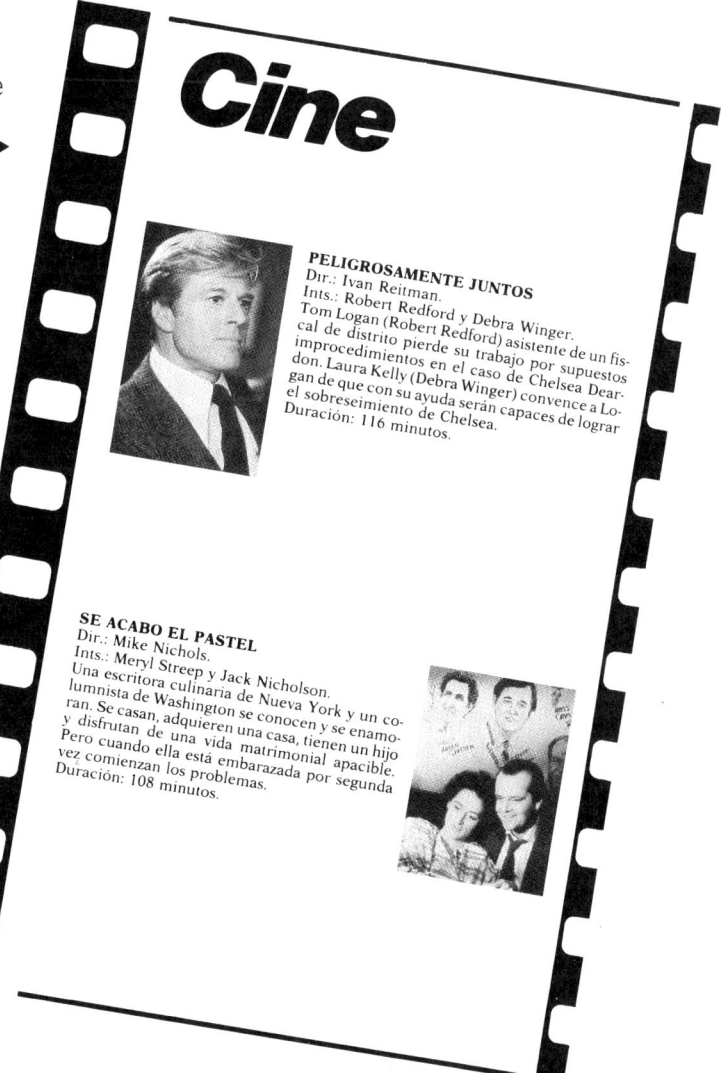

Cine

PELIGROSAMENTE JUNTOS
Dir.: Ivan Reitman.
Ints.: Robert Redford y Debra Winger.
Tom Logan (Robert Redford) asistente de un fiscal de distrito pierde su trabajo por supuestos improcedimientos en el caso de Chelsea Deardon. Laura Kelly (Debra Winger) convence a Logan de que con su ayuda serán capaces de lograr el sobreseimiento de Chelsea.
Duración: 116 minutos.

SE ACABO EL PASTEL
Dir.: Mike Nichols.
Ints.: Meryl Streep y Jack Nicholson.
Una escritora culinaria de Nueva York y un columnista de Washington se conocen y se enamoran. Se casan, adquieren una casa, tienen un hijo y disfrutan de una vida matrimonial apacible. Pero cuando ella está embarazada por segunda vez comienzan los problemas.
Duración: 108 minutos.

9 Habla

1 Your Spanish friend is having a party. You have to phone another friend to tell him/her about the party.

Here are some phrases and questions to help you. Work in pairs, taking turns to play each part.

A	B
La fiesta es mañana, sábado.	¿A qué hora empieza?
Empieza a las ocho y media.	¿Quién va a ir a la fiesta?
Van a venir todos los amigos del colegio.	¿Hay que traer algo?
Tienes que traer algo de música y algo para beber.	

Cine Cinema Movies

● **LOS VERANOS DE LA VILLA.** Las siguientes proyecciones tienen lugar, al aire libre, en el Parque del Retiro a las 22,15 horas. (Metros Retiro y Atocha).

Día 7: «El Siciliano», «Camorra», «Superman III» y «Vértigo».

Día 8: «La mujer de rojo», «Moros y Cristianos», «El gran enredo», «Cinco semanas en globo» y «Repo Man».

Día 9: «Hellraiser», «El día de los muertos», «Creepshow», «Birdy» y «D.A.R.Y.L.».

2 Work in pairs.

You want to go to the cinema. Look at the advert and discuss with your partner what film you'd like to go and see, when, and where you'll meet.

Here are some questions and phrases to help you:

– ¿Qué película quieres ver?

– ¿Cuándo ponen esa película?

– ¿Dónde ponen . . . ?

– ¿Dónde quedamos?

– ¿A qué hora empieza la película?

– ¿A qué hora quedamos?

– Me gustaría ver . . ./No me gusta ésa.

– Esa la ponen el día 8.

– La ponen en el parque del Retiro.

– Quedamos a la entrada del parque/en el café.

– Empieza a las ocho.

– Quedamos a las siete y cuarto.

3 Talk to your partner about what you would like to do next weekend. Agree on a plan, taking into account each other's likes and dislikes.

9 Habla

4 Make a recording of how you spend your free time, to send to your Spanish penfriend. These questions will help you to prepare the recording.

– ¿Qué te gusta hacer en tu tiempo libre?

– ¿Qué tipo de música prefieres? ¿Qué grupos/cantantes te gustan más?

– ¿Qué hay en tu ciudad para los jóvenes?

– ¿Ves mucho la televisión? ¿Qué tipo de programas prefieres?

– ¿Qué deportes practicas? ¿Hay muchas facilidades para hacer deporte en tu ciudad?

– ¿Tienes algún hobby? ¿Y tus amigos? ¿Comparten tus aficiones?

5 Work in pairs.

Below are the opinions of two Spanish teenagers about whether it is better to watch a film on video or to go to the cinema. Discuss with your partner the advantages and disadvantages of both arguments, and give your own opinion about them.

Yo prefiero ir al cine a ver las películas en vídeo, porque la pantalla grande es mucho más impresionante. Además, al estar a oscuras en el cine pones más atención y es casi como si estuvieras dentro de la historia de la película. En tu casa, en una pantalla de televisión no es lo mismo, no se puede comparar con la emoción de ir al cine .

Yo prefiero el vídeo, porque es mucho más cómodo que ir al cine. Tienes muchas más películas para elegir y las ves en tu casa tan tranquilo, cuando quieres. Al cine, a veces vas y no hay entradas y te tienes que volver a casa. Además el vídeo sale más barato, porque por el precio del alquiler, ve la película toda la familia, y la puedes ver las veces que quieras.

9 Lee

1 You want to go and see this concert. Find out the following information:

1 ¿Cuándo es y a qué hora?
2 ¿Dónde tiene lugar?
3 ¿Dónde se compran las entradas?
4 ¿Cómo sale más barato?

MECANO

SABADO 16 DE SEPTIEMBRE
10 NOCHE

AUDITORIO MADRID - CASA DE CAMPO

ENTRADAS A LA VENTA EN CENTROS DE El Corte Inglés, Hipercor
1200 Ptas VENTA ANTICIPADA
1500 Ptas DIA DEL CONCIERTO

LA BELLE EPOQUE
PRESENTA SU ESPECIAL
NOCHE MAGICA
PEDREZUELA
DEL CONSUMIDOR
TU COPA ESTE VIERNES GRATIS DE 12 A 1
Y... CON CADA COPA UNA POSIBILIDAD PARA ?
VIERNES 15 NOCHE
© Luis Miguel Muñoz

2
1 ¿Qué ofrece el anuncio?
2 ¿Para qué día es la oferta?
3 ¿A qué hora es?

3
1. ¿Cuánto cuesta la entrada al safari Madrid?
2. Da cinco atracciones del parque.
3. ¿Qué hay que hacer para tener un 50% de descuento?
4. ¿Es válida la oferta para el mes de agosto?

4 You have just arrived back at your holiday apartment in Málaga after a weekend trip. While you were away, your Spanish friend, Marcos, has been trying to contact you. Read the four messages and put them in the order that Marcos wrote them.

9
Lee

SAFARI MADRID
RESERVA EL RINCON

ALDEA DEL FRESNO
Tels. 862 08 11
862 06 57

PRECIOS SIN DESCUENTO
- PRECIO ADULTOS 700 PTAS.
- PRECIO NIÑOS 500 PTAS.

- PASE UN DIA INOLVIDABLE CON SU FAMILIA VISITANDO EL SAFARI DE MADRID. LE OFRECEMOS VISITAR:
- EL SAFARI
- LA MINI-RESERVA
- EXHIBICION DE RAPACES
- VISITA AL REPTILARIO
- EXHIBICION DE REPTILES

Y ADEMAS:
- PISCINAS
- TOBOGANES ACUATICOS

TODO CON EL 50 % DE DESCUENTO

- RESTAURANTE (10 % DCTO.)

SOLO HASTA EL 31 DE JULIO

OBTENGA UN 50 % DE DESCUENTO PRESENTANDO ESTE RECORTE

A
Como no me llamaste anoche por teléfono, aquí estoy otra vez. La fiesta empieza esta tarde, a las 8 y media en mi casa. ¡Hasta entonces! Marcos.

B
Pero ¿dónde estás? ¿No viste la nota? Bueno, éste es mi segundo intento de verte. Llámame por teléfono esta noche.
Marcos

C
¡Hola! He venido a verte, pero no estabas. Voy a hacer una fiesta en casa el domingo. Vuelvo mañana a las 3 y media
Marcos

D
Bueno, pues, te perdiste una fiesta genial. Siento mucho no verte. Si puedes, llámame por teléfono.
Marcos

1 .... 2 ....
3 .... 4 ....

Write down the words and phrases which helped you to work it out.

9 Lee

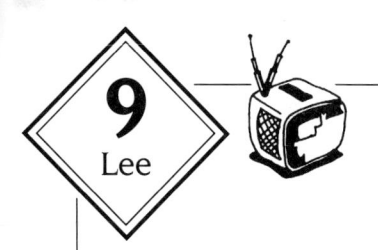

5 Read Manuel's letter about how he spends his free time and answer the following questions in Spanish:

1 ¿Qué hace Manuel los fines de semana?
2 ¿Con quién le gusta salir?
3 ¿Cuáles son sus deportes favoritos?
4 ¿Qué aficiones tiene?
5 ¿Qué hace durante las vacaciones de verano?
6 ¿Qué le gustaría hacer en el futuro?

¡Hola!

En tu última carta me preguntas cómo paso el tiempo libre.

Bueno, pues te lo voy a contar. Los fines de semana me gusta salir con mis amigos, ir al cine o a una discoteca, y si no tenemos dinero, nos quedamos en casa, viendo un vídeo o escuchando música.

Algunos sábados juego al baloncesto o al fútbol, que son mis deportes favoritos, con el tenis y la natación.

También me interesan los ordenadores y la música. Toco el bajo en un grupo de mi colegio. El grupo se llama "Los Salvajes".

Para las vacaciones de verano voy a la sierra, a un chalet que tienen mis padres en Alpedrete, pero generalmente también hago algún viaje con mis amigos. Este año vamos de camping a los Pirineos, pero lo que me gustaría hacer el próximo año, si tengo dinero, es un gran viaje por toda Europa.

Vale, pues eso es todo por hoy.
Hasta la próxima.
Un abrazo
Manuel

6 You work in an information office in Spain and you have to give advice to customers about which of these water parks is best. Take notes in Spanish of what the parks offer, and the advantages of each of them. Include details of the following:

- water attractions
- swimming pools
- games
- food/drink
- opening hours
- price.

El acuático
PARQUE ACUATICO DE MADRID

Pasa un día entero a lo grande, sin parar de divertirte, de refrescarte, de disfrutar. Ven con quien quieras, con tus amigos, con tus padres, con tus hijos... Hay diversiones para todos. En el Acuático puedes también comer y beber, comprar, y no parar en todo el día, o tirarte al sol o a la sombra y pasar el día sin moverte. Lo que quieras. Lo que busques lo encontrarás en el Acuático. Ven. ¡Mójate!

Instalaciones:
1 Lago de 7.000 m² de superficie al que tienen acceso:

4 Toboganes zig-zag.
2 Toboganes espirales.
6 Pistas blandas o foam.
8 Toboganes multipistas.
2 Kamikazes.
4 toboganes infantiles.

Juegos:
Resbalones, setas, dinos.
Piscina de chapoteo super infantil con toboganes.
(Niños menores de 3 años).
1 Piscina de olas.
(1.600 m² de superficie).

Otras instalaciones:
17.000 m² de praderas.
1 Self service (con sombras).
2 Kioscos (bares) con terrazas y sombras.

1 Pic-nic.
Alquiler de tumbonas.
Tienda de souvenirs y accesorios.
Pizzería.

PARQUES DE AGUA

■ **AQUOPOLIS.**
Villanueva de La Cañada. Tel. 815 69 11. Abierto de diez de la mañana a ocho de la tarde. Precio: 1.300 para los adultos y 900 los niños.

■ **EL ACUATICO.**
Carretera de Barcelona, km. 15. Tel. 673 01 13. Abierto de diez de la mañana a ocho de la tarde. Precio: 1.200 pesetas para los adultos en días festivos y 1.000 en días laborables. Los niños, 900 pesetas.

Aquopolis

Si quieres dejarte llevar por el agua mientras te tomas algo, disfruta de esta atracción en Aquópolis. Te pides algo en el bar, te sientas en uno de los comodísimos sillones inflables y a disfrutar mientras una suave corriente te lleva sobre el agua. Pruébalo, es de lo más especial... y relajante. Además, en Aquópolis podrás encontrar todo tipo de atracciones acuáticas para todas las edades.

Desde toboganes de todos los tipos y formas hasta divertidas piscinas con juegos. También tenemos pizzerías, heladerías, restaurantes, barbacoas y todo lo necesario para que pases un día aquacionante. Prohibido introducir latas y objetos de vidrio en el recinto del Parque. Venta de entradas en Viajes Vincit y en el propio Parque.

AQUOPOLIS ES LA DIVERSION MAS GORDA DEL VERANO. SEGURO. En Villanueva de la Cañada, a 25 Km. de Madrid. Abierto todos los días de 10 a 20 horas. Autobuses gratis todos los días desde la Plaza de España.

9 Escribe

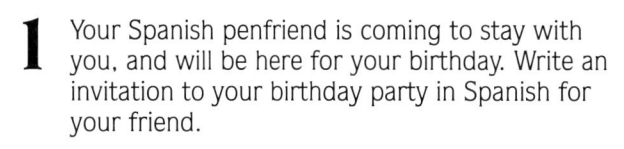

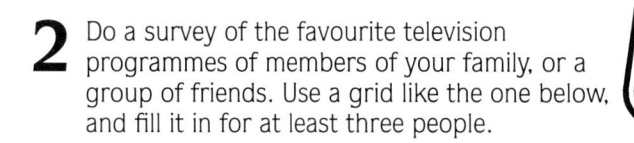

Invitación

....
....
....
....
....
....
....
....
....
....
....

1 Your Spanish penfriend is coming to stay with you, and will be here for your birthday. Write an invitation to your birthday party in Spanish for your friend.

2 Do a survey of the favourite television programmes of members of your family, or a group of friends. Use a grid like the one below, and fill it in for at least three people.

Documentales	Programas deportivos	Programas musicales	Teleseries	Películas

Write a short report of your findings in Spanish.

3 You've had to miss Marcos's party. As he is out when you phone, write him a note in Spanish apologising for missing the party and explaining why. Suggest that you spend a day together, and tell him what you would like to do.

4 You are in Spain on a school exchange. Your exchange partner has been keeping a diary of the things you have been doing together, in English, because he/she wants to practise.

Write *your* diary for the past week in Spanish.

5 Look again at task 5 on page 81. Write a summary in Spanish of your opinion about the cinema versus video argument.

6 This is what some Spanish teenagers wrote about the leisure facilities in their area:

En mi pueblo casi no hay nada que hacer para los jóvenes. Sólo ir al club de jóvenes, pero allí tampoco hay mucho que hacer: ping-pong, televisión y el bar. De vez en cuando hay un baile o una discoteca, pero en general es muy aburrido.

En mi barrio tenemos un polideportivo genial, y también hay muchas discotecas y cafeterías, pero a mí lo que me gustaría es tener un cine. Ahora, si quieres ir al cine te tienes que ir al centro, y se tarda por lo menos una hora.

En mi opinión, lo que falta aquí es un polideportivo. Hay cantidad de discotecas, bares y cafeterías, pero de deporte sólo tenemos la piscina, y casi nunca voy porque siempre está llena de gente.

9 Escribe

How does this compare with where you live? Write an account in Spanish of the leisure facilities in your area, and give your opinion as to whether or not they are adequate.

10 Escucha — Problemas de cada día

1 Listen to six people explaining why they are not feeling well. You will hear them twice. In which section (1–6) is each of the following ailments mentioned?

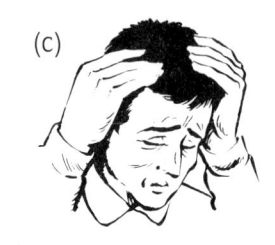

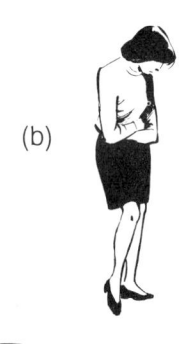

1 _____
2 _____
3 _____
4 _____
5 _____
6 _____

(a) (b) (c) (d)  (e) (f)

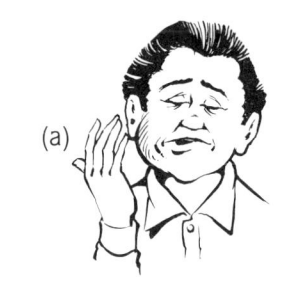

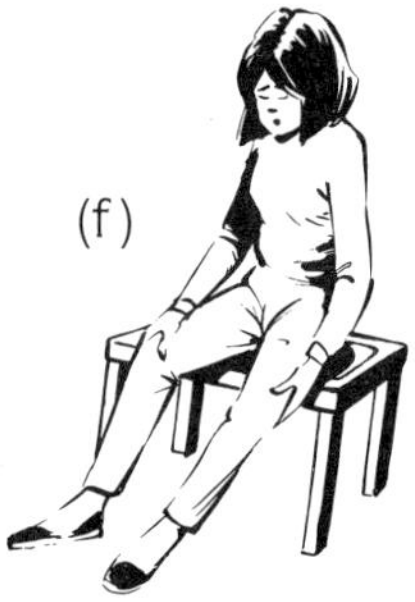

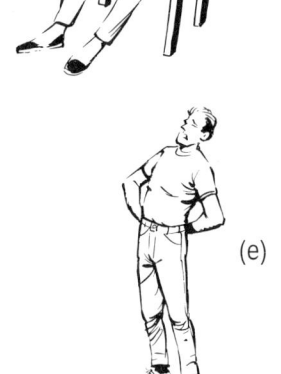

2 Your father has lost his wallet. It is a brown leather wallet and it contained 2500 pesetas, some photos and some credit cards.

You hear an announcement in a hotel. It is repeated. Has your father's wallet been found? If so, write down which is your father's: 1, 2 or 3.

3 You are staying with your Spanish friend in Almería. The phone rings when you are alone in the house. You will hear the message twice. Write down the gist of the message in Spanish.

10 Escucha

4 You are at a railway station in Spain and you overhear a conversation. Listen to it and answer the following questions in Spanish.

1 ¿Adónde va el hombre?

2 ¿Por qué perdió el tren?

3 ¿Hay otros trenes hoy?

4 ¿Qué tren le recomiendan? ¿Por qué?

5 ¿Qué servicio tiene ese tren?

5 Listen to the conversation twice and say whether the following statements are *verdad* (true) or *mentira* (false).

1 Es una cámara bastante nueva.

2 El cliente está preocupado porque no quiere perder el film que está en la máquina.

3 La cámara no funciona porque se cayó en la playa.

4 La reparación es muy cara.

5 Tardarán un par de días en la reparación.

6 A customer is returning a coffee maker to the shop because it is faulty. Listen to the conversation twice and then answer the following in Spanish:

1 ¿Cuál es la actitud del dependiente hacia el problema?

2 ¿Cómo reacciona la clienta?

3 ¿Qué hace el dependiente al ver la reacción de la señora?

10 Habla

1 You have got a cold and you go to the chemist to buy something for it. Work in pairs, one of you playing the part of the pharmacist. Then exchange roles. ▶

PHARMACIST	CUSTOMER
¿En qué puedo servirle?	Ask if he/she has anything for a cold.
Sí, hay muchas cosas para el catarro. ¿Le duele la garganta?	Yes, you have a sore throat and also a cough.
Estas pastillas van muy bien para el catarro.	Ask if they are good for the cough too.
Para la tos tengo este jarabe.	Say you'll take the tablets and the cough mixture. Ask how often you have to take them.
Tiene que tomar dos pastillas cuatro veces al día, y el jarabe, una cucharada cada cuatro horas.	Ask how much it is, pay and say goodbye.

2 You are staying in Spain with your penfriend. Tonight you had been invited to a party, but your friend is not feeling well and you think you should stay with him/her.

Phone the friend who had invited you to the party to say that you are not going. Work in pairs, one of you playing the part of the Spanish friend. Then exchange roles.

A	B
Greet your friend.	¡Hola! Vienes esta tarde ¿verdad?
Say that you can't go to the party.	¡No me digas! ¿Por qué?
Explain that your friend is ill.	Pues es una pena, porque va a estar genial.
Say that you are sorry to miss it.	Bueno, no te preocupes, seguro que habrá más fiestas.
Thank your friend and say goodbye	

3 *En la oficina de objetos perdidos*

You have just arrived in Alicante when you realise you have lost one of your travelling bags. You phone the lost property office but it has closed for lunch and you are asked to leave a message on the answering machine. Record your message, including the following information.

– Say you have lost a bag. You think you may have left it at the station.

– Give your name and the address of your hotel.

– Say it is a navy blue plastic bag, containing clothes (trousers, T-shirts, underwear, socks etc.), some books (including your Spanish dictionary) and toilet articles.

– Ask what to do next.

4 Your parents' car is not running very well. You have to tell the Spanish garage attendant what is wrong and ask when it will be ready. Work in pairs, one of you playing the part of the garage attendant.

Here are some phrases to help you:

– ¿De qué marca es el coche?

– ¿Qué le pasa al coche?

– ¿Cuándo lo puede arreglar?

– ¿Cuánto va a costar?

– ¿Puede llamar por teléfono esta tarde/mañana por la mañana?

– Los frenos no funcionan bien/El motor hace un ruido muy raro.

– Estará listo esta tarde/mañana/dentro de 2 días.

– Ahora no le puedo decir. Tengo que ver qué le pasa.

– ¿Me deja las llaves del coche, por favor?

5 While staying in Spain in a hotel, a bag disappears from your room. Report the incident to the manager. Be prepared to answer questions about when it happened, describe the bag and its contents, say whether the room was locked etc, and ask the manager what he/she is going to do about it.

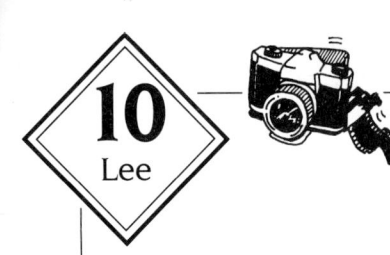

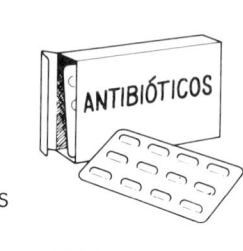

10 Lee

1
You are helping in a chemist's shop. Which of these items would you suggest to people who come in with the following ailments?

1. Tengo una infección de garganta.
2. Tengo una tos terrible.
3. Me he cortado un dedo.
4. Tengo dolor de estómago.
5. Me duele la cabeza.

2
The service in this hotel leaves a lot to be desired. Sort out what the guests' complaints are by matching them up with the pictures.

1. ¡La televisión en mi habitación está estropeada!
2. ¡He encontrado un pelo en mi sopa!
3. ¡El agua de la ducha sale fría!
4. ¡El ascensor no funciona!
5. ¡No hay toallas en el cuarto de baño!
6. ¡La comida es malísima!

3
You find this article in a Spanish magazine. Make a note of the five pieces of advice it gives you on how to avoid sunstroke and get a good suntan.

Y sobre todo...... ¡Cuidado con el sol!

Para evitar el peligro de la insolación y conseguir un bronceado perfecto, te recomendamos lo siguiente:

1. Toma el sol poco a poco. El primer día, nada más que cinco minutos y cada día un poquito más.
2. Utiliza cremas con filtro solar. El número del filtro depende del tipo de piel.
3. Los primeros días, evita tomar el sol entre las 12 y las 4 de la tarde. Es cuando pega más fuerte.
4. Después de tomar el sol, ponte una loción aftersun, para calmar e hidratar la piel.
5. No te pongas nunca colonia o desodorante si vas a tomar el sol.

4 One of your friends has read the letter at the foot of this page but he/she has not understood everything correctly. Read your friend's notes (below) and write down what is wrong with his/her account, giving the correct versions in Spanish.

▼

Marisa was in the swimming pool. She twisted her foot and fell. She had to be taken to hospital in an ambulance. Now she has her leg in plaster (7 weeks). She's very fed up because the plaster is uncomfortable, but at least the weather's nice and hot. She'll come to see you after they take the plaster off.

CENTRO VISA DE SERVICIO AL VIAJERO

Una de las ventajas exclusivas de la Tarjeta VISA ORO es la de tener permanentemente a su disposición un servicio de asistencia internacional para situaciones de emergencia. A él debe usted acudir especialmente en caso de desaparición de su tarjeta.

Cualquier día de la semana, a cualquier hora, en cualquier lugar del mundo, el centro VISA de Servicio al Viajero le prestará ayuda inmediata mediante:

• La gestión de un anticipo en efectivo de hasta 5.000* dólares en moneda local, como dinero de emergencia, que puede resultarle especialmente práctico si, además de su tarjeta, sufre la pérdida de su documentación o equipaje.

• La reposición urgente de su tarjeta en el plazo más breve posible (generalmente no superior a cuarenta y ocho horas).

• El envío de un mensaje urgente a su familia o empresa.

Para ello, telefonee al Centro VISA de Servicio al Viajero a uno de estos números:

España (Madrid)	(91) 435 24 45
Inglaterra, desde cualquier lugar del mundo (Londres)	938 10 31
Estados Unidos, desde territorio continental	(800) 336 - 3386
Estados Unidos, desde los demás lugares	(703) 556 - 8878
Alemania (Frankfurt)	29 51 78
Austria (Viena)	54 11 46
Bélgica (Aalst)	(53) 77 65 93
Dinamarca (Copenhague)	19 28 28

*Sujeto a lo dispuesto en la legislación vigente en materia de divisas.

---

5 Read the information on Centro Visa de Servicio al Viajero and answer the following questions in Spanish.

1 ¿Cuándo y dónde funciona este servicio de asistencia?

2 ¿Cuánto dinero se puede conseguir con este servicio?

3 ¿En qué situaciones puede ser práctico tener este dinero?

4 ¿Cuánto tiempo tardan en dar una nueva tarjeta?

5 ¿Qué otra ayuda ofrece este servicio?

6 ¿Qué hay que hacer para utilizar este servicio?

10 Lee

¡Hola!

Te escribo con muy malas noticias. Tengo que decirte que no puedo ir a verte como habíamos planeado. Verás lo que me ha pasado.

El domingo pasado estaba en la piscina con unos amigos, cuando de repente me picó una abeja en el pie. Con el susto y el dolor me resbalé y me caí. Intenté ponerme de pie pero no pude, me dolía la pierna muchísimo.

Mis amigos me llevaron al hospital en un coche y el resultado es que me he roto una pierna y la tengo que tener escayolada seis semanas. No te puedes imaginar el disgusto que tengo. Aquí estoy, en pleno verano, super incómoda, porque la escayola molesta y más con el calor tan terrible que hace. No puedo salir a ningún sitio y, por supuesto, no puedo ir a la piscina. Lo peor de todo es que no puedo ir a verte, con las ganas tan grandes que tenía. Así que ya ves. Siento mucho estropear tus planes de verano, pero así es la vida. Escríbeme pronto para animarme un poco.

Un abrazo de

Marisa

10 Escribe

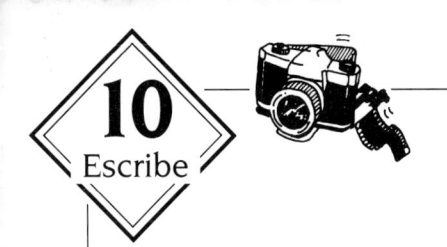

1 Your Spanish friend, who is staying with you, has been to the doctor because he/she was not feeling well. Your friend has got some medicine, but is not very sure how much to take or how often.

Translate the instructions on the label into Spanish for your partner. ▶

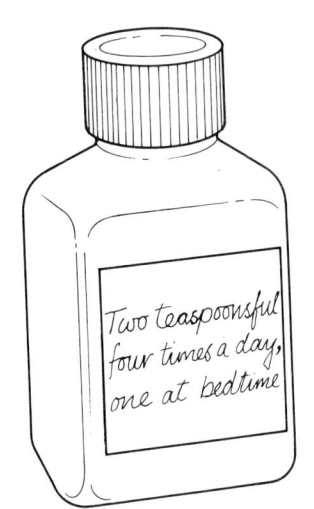

Two teaspoonsful four times a day, one at bedtime

2 You are staying in Spain on a school exchange. After spending a day at your partner's school, you realise that you have lost your wallet. Write a notice for the school noticeboard, describing the wallet and its contents, and giving your name and address or phone number.

Use this notice that is already on the board as a model. ▶

PERDIDO

Bolso azul marino, de plástico.
Contiene: pantalones cortos azules, camiseta blanca y zapatillas de deporte.

Llamar a: Maite Arnaiz. 233 45 21 por las tardes

3 Your penfriend's parents have just phoned while your friend was out. They can't go to meet him/her at the airport, because grandmother is ill and they are going to stay with her. Your friend has to get a taxi from the airport and go to his/her aunt's house.

Write the message in Spanish for your friend.

4 After returning from a holiday in Santander, your mother realises that she has left her favourite handbag in the hotel where you stayed.

Write a letter in Spanish to the hotel, describing the bag, saying where she left it and asking if it is possible to send it to you. Say in the letter that you are prepared to pay for the cost of sending it.

5 You had a terrible meal in a Spanish restaurant. The food was awful and the waiter got the order wrong. The service was slow and the waiter was rude. You decide to take advantage of the *Hoja de reclamaciones* to which all customers are entitled.

Write your complaint in Spanish.

10 Escribe

HOJA DE RECLAMACIONES

Nombre y dirección del establecimiento
....
....

Nombre y dirección del cliente
....
....

Reclamación:
....
....
....
....
....
....
....
....

Firma................Fecha............

6 During your stay in Spain, a friend of your penfriend keeps asking you out. You don't particularly like the person, so have to find excuses for not going.

Here are some of his/her messages. Answer each of them.

A
¿Vienes al cine esta tarde? Ponen una película genial de ciencia ficción. Llámame para quedar.

B
El sábado es el cumpleaños de mi prima Rosa y tiene una fiesta en la discoteca "Pachá". También te ha invitado.

C
El fin de semana que viene, me voy de camping con un grupo de amigos. Vamos a la sierra de Guadarrama. Lo vamos a pasar guay. ¿Vienes?

D
A mis padres les gustaría conocerte, porque les he hablado mucho de ti. ¿Quieres venir a comer a casa el domingo?

95

Acknowledgements

Cartoons by Terry Rogers, Linden Artists

Diagrams by RDL Artset

Photographs by permission of:
Universal Pictorial Press and Agency Ltd p9; Anthony Langham pp15, 39; Barnaby's Picture Library pp28, 61 (top right), 87 (top right, bottom right), 89; ZEFA Picture Library p33; Landscape Only p38; Laurence Kimpton p77; Sally and Richard Greenhill p87 (left)

Cover: Telegraph Colour Library

All other photographs by the author.

Sources of other illustrations:
Popcorn p9; ABC pp9, 44; El Corte Inglés pp16, 44, 46, 60; Colegio Mayor Guadalupe pp18, 19; Diario 16 p26; Ayuntamiento de Madrid p27; RENFE pp29, 34; Cambio 16 p36; Catalunya, Direccio General de Turisme p37; Las Horcas Restaurant p44; El País pp44; En Madrid, Patronato Municipal de Turismo pp46, 71, 72, 74, 75, 80; AMA p52; Guía de Madrid p53; Tele Indescrita p55; Castillo del Miramar p62; Hotel París p63; Hotel Rey Alfonzo X p64; Instituto Nacional de Promoción del Turismo p65; Oficina Central de Correos p70; Buenas Noches p73; Bibliotecas Populares de Madrid p75; RONDA (Iberia) p79; Banco de Bilbao p93.

Every effort has been made to locate and contact the source of each illustration. We will be pleased to rectify any omissions in future printings.